UNE SAISON AU ZOO

INCROYABLES RECORDS

Aurore Meyer

LAROUSSE

SOMMAIRE

Mieux connaître pour mieux protéger 4
L'émission « Une saison au zoo » sur France 4 6

Les plus rares 8
Les plus féroces 10
Les mieux équipés 12
Les rois du camouflage 14
Les poids lourds 16
Les plus hauts 18
Les plus petits 20
Les plus colorés 22
Les plus gourmands 24
Les plus solitaires 26
Les plus rapides dans les airs 28
Les plus rapides sur la terre ferme 30
Les plus anciens 32
Les plus lents 34
Les as de la pêche 36
Les plus fidèles 38
Les meilleurs parents 40
Les plus longs 42
Même pas froid ! 44
Les plus adaptés aux températures chaudes 46
Les plus intelligents 48

Les plus malins 50
Les plus grands séducteurs 52
Les plus grands amoureux 54
Les plus propres 56
Les plus cracras 58
Les plus agiles 60
Les chouchous 62
Les plus bavards 64
Les familles nombreuses 66
Les plus paresseux 68
Les plus redoutables pour l'Homme 70
Les plus costauds 72
Les plus effrayants 74
Les meilleurs nageurs 76
Les plus organisés 78
Les plus proches de l'Homme 80
Les plus bizarres 82
Les bébés les plus mignons 84
Les champions du saut 86
Ceux qui vivent le plus longtemps 88
Les plus menacés 90
Les plus profiteurs 92
Les plus puissants 94

MIEUX CONNAÎTRE POUR MIEUX PROTÉGER

Si les parcs zoologiques sont longtemps restés des espaces uniquement dédiés à la promenade et au divertissement, ils sont aujourd'hui devenus de véritables ambassades de la nature où l'on admire plus que jamais la beauté du monde animal ! Ce sont aussi des lieux où le public s'informe sur la cause animale et les dangers qui la menacent. Les parcs zoologiques sont ainsi devenus des acteurs majeurs de la préservation de la biodiversité et de la conservation des espèces animales.

Les missions du zoo

Fondé en 1946, le Zoo de La Flèche est aujourd'hui considéré comme l'un des premiers parcs zoologiques français par son dynamisme, ses innovations et la qualité des environnements dédiés aux animaux. Chaque jour, les équipes s'efforcent de faire du zoo un magnifique espace de convivialité, de découverte, d'émerveillement et de sensibilisation aux enjeux de la conservation de la biodiversité.

Le zoo a quatre missions : l'**éducation** et le **divertissement** du public grâce aux spectacles et aux animations qui enrichissent le quotidien des animaux, la **conservation** des espèces et la **recherche**.

Ces deux derniers points sont très importants car de nombreuses menaces pèsent aujourd'hui sur les animaux : dégradation de leur milieu naturel, déforestation, pollution, réduction de l'espace et des ressources alimentaires, chasse, braconnage et trafic. Plus que jamais, nous devons tous nous mobiliser pour protéger et conserver notre maison commune qu'est la Terre. Le zoo met ainsi en pratique sa devise : « Mieux connaître pour mieux protéger ! »

Qu'est-ce que la conservation ?

La conservation de la biodiversité est, avec l'éducation à l'environnement, la raison d'être des zoos. Elle se concrétise par la mise en place de programmes d'élevage au sein du parc et par des missions de soutien aux associations qui œuvrent à la préservation de la nature sur le terrain.

Les programmes d'élevage

Le nombre d'espèces animales menacées d'extinction grandit de jour en jour. C'est pourquoi des programmes d'élevage et de conservation ont été créés en Europe : environ 300 parcs zoologiques européens permettent aujourd'hui de protéger plus de 200 espèces animales menacées.

Ces programmes favorisent la reproduction des animaux afin de maintenir des populations saines, de préserver les espèces et de leur offrir un avenir. Certains de ces animaux ont ainsi pu être réintroduits dans leur habitat naturel et certaines espèces, comme le tamarin lion doré, ont même été sauvées de l'extinction !

Depuis 1989, le Zoo de La Flèche participe à plus de 40 de ces programmes. Parmi les espèces les plus emblématiques, le zoo accueille des ours polaires, des tigres de Sumatra, des manchots de Humboldt, des guépards, des varis noir et blanc, des gibbons concolores, des éléphants d'Afrique, des pandas roux et bien d'autres encore… Plus de 100 naissances ont lieu chaque année, dont une vingtaine parmi les espèces menacées !

Cyril, vétérinaire au Zoo de La Flèche

Au zoo, mon rôle de vétérinaire est avant tout de garantir la bonne santé et le bien-être des animaux. Mais il ne s'arrête pas là : je partage aussi mes connaissances et je viens en appui auprès des personnes qui travaillent là où la nature est en danger.

Ce que j'ai appris et ce que j'apprends au quotidien auprès des animaux du parc m'est très utile pour m'occuper d'animaux sauvages dans la nature ! Soigner un bonobo orphelin au Congo, endormir un phoque en Bretagne pour l'équiper d'un petit GPS qui nous permettra de suivre ses déplacements, ou partir à la rencontre de scientifiques qui protègent les gibbons au Laos, voici quelques-unes des actions que je peux mener grâce à mon travail. Je suis également un témoin. Sur place, je comprends mieux les difficultés et les enjeux auxquels doivent faire face les associations. De retour au zoo, je peux ainsi mettre en place des actions appropriées pour leur venir en aide et témoigner de leur incroyable travail auprès de notre public.

Le mot du directeur

Stéphane Da Cunha est le directeur du Zoo de La Flèche depuis 1997. Succédant à son père, il a considérablement développé le parc, notamment en matière de conservation des espèces menacées.

Le Zoo de La Flèche écrit actuellement l'une des pages les plus passionnantes et les plus stimulantes de son histoire. Cette histoire est avant tout une histoire de femmes et d'hommes animés d'une passion commune et désireux d'atteindre l'excellence dans l'accomplissement des missions du parc : émerveillement des visiteurs, éducation, recherche et conservation.

« Une saison au zoo » témoigne aujourd'hui de notre souci permanent du bien-être de nos pensionnaires et de notre implication sans faille dans la préservation de la biodiversité, menacée de toutes parts.

À travers les projets qu'il porte, notre zoo fait maintenant un pari pour l'avenir : celui que notre créativité, nos valeurs de générosité et de solidarité, d'altruisme et d'optimisme, d'engagement total aux côtés des acteurs de la conservation, touchent le jeune public, cette génération future qui demain aura la lourde responsabilité de soigner, préserver et protéger notre si belle planète.

SAFARI lodge
ZOO FLECHE

LES RECORDS DES ANIMAUX

Les plus rares

Il resterait encore des millions d'espèces animales à découvrir. Mais parmi celles que nous connaissons, certaines sont au bord de l'extinction !

Je ne suis pas un zèbre !

Étudié pour la toute première fois par des scientifiques en 1900, **l'okapi** est un mammifère herbivore africain assez rare, d'autant plus qu'il vit presque exclusivement au Congo. Parce qu'il est rayé comme un zèbre, on a longtemps cru qu'il était de la famille des chevaux, mais pas du tout, c'est un cousin de la girafe !

Hades, le tigre blanc, est un animal rare ; mais il existe encore plus rare : le tigre complètement noir !

Protégez mon chez-moi !

Animal magnifique, avec sa belle robe blanche ou crème, ses rayures marron et ses beaux yeux bleu acier, **le tigre blanc** est aujourd'hui sérieusement menacé ! Les forêts qu'il habite sont rasées pour faire place à des plantations de palmiers à huile. Protégeons-le en refusant d'acheter des produits contenant cette huile !

Le lémurien qui fait peur...

Menacé par la destruction de son habitat, mais surtout pourchassé par les hommes car il représenterait la mort, **le aye-aye** est un petit lémurien vivant à Madagascar. Il peut être assez effrayant car il est pourvu de deux immenses oreilles qui lui permettent de capter le moindre bruit suspect.

Perle rare...

Petit animal des prairies d'Amérique du Nord, **le furet à pattes noires** nous a fait une belle frayeur : il a bien failli disparaître complètement, mais en 1981, il a refait surface. Ouf ! Depuis, ce petit carnivore, que l'on appelle aussi putois américain, fait partie des espèces à protéger. On estime qu'il n'en resterait que 1 000 à l'état sauvage ! C'est donc l'un des mammifères les plus rares.

Sauvé de l'extinction

Le tamarin lion doré est un petit singe, pesant à peine 600 grammes, qui ne vit que dans la région de Rio de Janeiro. C'est l'un des singes les plus rares au monde, mais grâce à un important programme de réintroduction à partir d'animaux nés dans les zoos, il a été sauvé de l'extinction.

Attention aux bongos !

Muni de grandes cornes en forme de spirale, **le bongo** est l'une des plus belles antilopes, mais également l'une des plus discrètes et l'une des plus rares. Le nombre d'individus vivant à l'état sauvage diminuant à cause de la déforestation et de la consommation de sa viande, le bongo a été classé comme animal quasi menacé. La vigilance est donc de mise !

13 dans la prairie

Le cheval de Przewalski n'a jamais été domestiqué par l'Homme ! Ce petit cheval existe depuis la préhistoire : sur les parois des grottes préhistoriques d'Europe, c'est lui et ses cousins qui sont représentés ! Au début du XXe siècle, le cheval de Przewalski a bien failli disparaître (on dénombrait 13 individus dans le monde entier). Aujourd'hui, l'espèce est protégée et un petit nombre d'individus ont été réadaptés à la vie sauvage, mais ils restent très rares.

Les plus féroces

Des dents acérées, des ventouses ou des piques... Les animaux sont prêts à tout pour sauver leur peau, mais certains sont mieux lotis que d'autres. Voici un petit panorama des plus féroces... Attention, danger !

Liaison fatale

La mante religieuse femelle est une sacrée guerrière ! Pendant ou après l'accouplement, elle décapite le mâle et le dévore tout cru ! Fâchée ? Non ! Elle se procure tout simplement l'énergie dont elle va avoir besoin pour pondre ses œufs.

Les dents de la rivière

Assoiffés de sang, **les piranhas** passent leur temps à chasser pour calmer leur appétit. Quand ils chassent en banc et s'attaquent à une proie, celle-ci n'a aucune chance de survie ! Leur mâchoire garnie de dents coupantes est si puissante qu'elle broie tout sur son passage : crevettes, poissons, crabes, et même bétail et chevaux ! Les piranhas sont même capables de se dévorer entre eux...

Les loups blancs comme Sansa sont de redoubles chasseurs : lièvres, oiseaux, rennes ou bœufs, rien ne leur résiste !

Combats mortels

C'est dans les conditions extrêmes des paysages d'Amérique du Nord et de l'Arctique que **le loup blanc** ou **loup arctique** vit. Bien que vivant sous la direction d'un couple alpha, certains mâles au sein du groupe cherchent parfois à se rebeller contre cette domination, ce qui donne lieu à de violents combats. Or, avec une mâchoire de 42 dents très puissantes, la bataille peut être fatale !

Briseur d'os

On ne croirait pas forcément en regardant **un diable de Tasmanie** qu'il est le mammifère dont la morsure est la plus puissante ! Il possède une mâchoire capable de briser les os de ses proies, qu'il avale ensuite en entier. Heureusement, il se nourrit principalement de charognes d'oiseaux, de poissons, d'insectes ou de reptiles, mais si l'occasion se présente il peut s'attaquer à une carcasse de cheval ou d'agneau !

Buveuse de sang !

Tel un vampire, **la sangsue** s'accroche à sa victime avec ses ventouses et la mord pour la vider de son sang. Une fois qu'elle est rassasiée, elle se détache et digère son festin lentement. Et il lui faut du temps : entre 12 et 18 mois !

Dodo, l'enfant do

La mouche tsé-tsé se nourrit elle aussi du sang de ses victimes. Elle peut en ingérer l'équivalent de trois fois son poids ! Et surtout, elle transmet aux animaux et aux hommes la maladie du sommeil, appelée trypanosomiase africaine, qui donne de la fièvre, des maux de tête, puis une fatigue extrême.

Qui s'y frotte s'y pique !

Comme son nom l'indique, **le porc-épic** est doté de piques. Or, quand il se sent en danger, il dresse ses épines et fonce en reculant tout droit sur son prédateur ! Sauve-qui-peut ! Et si ça ne suffit pas à le faire déguerpir, le porc-épic peut aussi lui donner des coups de queue ! Mais la rumeur voulant que le porc-épic ait la capacité de projeter ses piques est fausse. Quelle déception...

Les mieux équipés

Il n'y a pas que les animaux imposants qui savent se défendre. Entre ceux qui piquent, ceux qui gonflent et les autres, les plus inoffensifs en apparence ont de sacrées armes secrètes !

Lorsque les soigneurs doivent attraper un kangourou, ils se préparent à un véritable exercice physique : l'animal ne se laisse pas attraper comme ça !

Poisson bulle

Surnommé **le poisson porc-épic**, lorsqu'il se sent menacé, **le diodon** avale une énorme gorgée d'eau et se gonfle comme un ballon. Le poisson, alors recouvert d'épines, est un vrai danger : un poison très puissant est contenu dans chaque piquant !

Attention aux coups de patte !

Les kangourous sont des animaux très énergiques. Leur queue, lourde et puissante, peut mesurer jusqu'à 1 mètre ! Elle leur assure un équilibre lorsqu'ils bondissent, mais elle sert aussi de béquille sur laquelle ils s'appuient pour donner de violents coups de pattes arrière à leur adversaire : KO !

Lâcheur de bombes

Le bombardier n'est pas qu'un avion ! C'est aussi une petite bête, un coléoptère capable de projeter une substance chimique très corrosive qui aveugle ses prédateurs ! Porté à une température de 100° C, le liquide, alors bouillant, est pulvérisé au niveau de l'abdomen de l'animal.

Un vrai poison

En plus d'être le plus gros crapaud du monde, avec son air revêche, **le crapaud buffle** a plus d'une arme pour se défendre. Pour éloigner ceux qui lui veulent du mal, il se gonfle pour paraître encore plus gros qu'il ne l'est. Et si un prédateur parvient à l'avaler, il sécrète alors un poison au niveau de ses épaules et tue celui qui a voulu le manger ! Voilà un animal qui ne se laisse pas faire !

Qui s'y frotte s'y pique !

Avec tous ses piquants, on dirait une tige de rosier, mais non ! C'est bien une sauterelle ! **La sauterelle épineuse** est recouverte d'épines et possède une corne sur le front. De cette façon, les prédateurs préfèrent la laisser tranquille !

Suceur de sang

La chauve-souris d'Azara a de quoi faire froid dans le dos ! Aussi appelée **vampire d'Azara**, elle porte bien son nom car elle attend que sa proie soit endormie pour lui faire une entaille avec ses dents acérées et lécher le sang de la plaie. Le piège fatal ? Une fois rassasiée, la chauve-souris s'en va, laissant une plaie béante qui a du mal à cicatriser à cause de sa salive qui empêche le sang de coaguler…

D'une efficacité redoutable

Pas besoin de piques ou de venin quand on est naturellement bien armé : **le lézard à collerette**, qui vit en Australie et en Nouvelle-Guinée, est doté d'une collerette qu'il déploie dès qu'il se sent menacé ou pour impressionner son agresseur. Ainsi dressé sur ses pattes arrière, sifflant, la gueule ouverte, avec des couleurs impressionnantes sur la collerette, il fait fuir son agresseur ! Une manière douce mais efficace de se faire respecter !

Les rois du camouflage

Les animaux rivalisent d'ingéniosité quand il s'agit de se camoufler et d'échapper à leurs prédateurs. Pour eux, jouer à cache-cache est une question de survie ! Pour certains, « camouflage » rime avec « pelage », pour d'autres, il rime avec « paysage ».

Difficile de voir Arka quand elle veut jouer à cache-cache !

Ni vu, ni connu

Le caméléon est le roi du camouflage ! La couleur de sa peau s'adaptant à son environnement, il peut ainsi passer complètement inaperçu, voire même disparaître dans un paysage. Pour couronner le tout, il n'a pas besoin de se déplacer pour chasser : sa longue langue collante (elle est même plus longue que son corps !) s'étire comme un ressort et lui permet d'attraper les insectes qui passent, effet de surprise garanti !

Noir, c'est noir

C'est la nuit que **la panthère** chasse en se cachant dans les arbustes avant de bondir sur sa proie. La couleur des panthères noires est alors un formidable atout : elle leur permet de passer inaperçues au cœur des sombres forêts tropicales ombragées par de grands arbres. En Inde, certaines panthères s'aventurent même la nuit dans le centre des grandes villes pour y chasser de petits animaux.

1, 2, 3, soleil !

Déjà capable de rester complètement immobile pendant plusieurs heures, **l'iguane** possède, en plus de cela, une couleur de peau qui lui permet de se fondre dans son environnement et ainsi d'échapper à ses prédateurs. Impossible de le remarquer !

Pierre tueuse

Comme son nom l'indique, **le poisson-pierre** n'a pas son pareil pour prendre l'apparence d'une pierre ! Il se place alors sur le sable, au milieu des rochers, et attend tranquillement que sa proie lui passe devant pour l'attraper et la dévorer.

Drôle de bête !

Trouver **un phasme** relève souvent de l'exploit ! Ce dernier est un champion du camouflage puisqu'il ressemble à s'y méprendre à une feuille, une tige, une brindille ou une branche. Quand il est dans son environnement, impossible de le distinguer !

Où est passée la seiche ?

Assez vulnérable car elle ne possède pas de carapace, **la seiche** a toutefois trouvé la parade pour se cacher de ses prédateurs : en plus de s'enfouir dans le sable des fonds marins, elle prend la couleur de l'endroit où elle se trouve en moins de temps qu'il n'en faut pour lire cette phrase !

La robe qu'il faut

Long d'environ 2,5 mètres, **le boa constricteur** est un grand serpent au museau pointu. Avec une telle taille, difficile de passer inaperçu, mais la couleur et les dessins présents sur son corps lui permettent de se fondre facilement dans le décor dans lequel il vit : les forêts tropicales, les savanes et les zones semi-arides d'Amérique du Sud.

Les poids lourds

Bienvenue au club des plus de 500 kilos ! Qu'ils soient des mammifères, des reptiles ou des cétacés, le moins que l'on puisse dire, c'est qu'ils en imposent !

Bys et Bali, les rhinocéros indiens, possèdent une unique corne qui pèse déjà 3 kilos !

Une langue de 4 tonnes !

La championne, c'est évidemment **la baleine bleue**, tout est géant chez elle ! La plus grosse observée pesait 145 tonnes, soit 145 000 kilos ! Sa langue est aussi lourde qu'un petit éléphant, et son cœur pèse environ 500 kilos. Son estomac peut contenir jusqu'à 1 000 litres de nourriture, il en faut des sardines pour le remplir ! Et quand un baleineau naît, il pèse déjà 4 tonnes, soit 4 000 kilos !

Un bolide de 3 tonnes !

Le rhinocéros est l'un des plus gros mammifères après l'éléphant. Son poids peut atteindre 3 000 kilos, soit 3 tonnes ! Court sur pattes, un peu pataud parce qu'il ne voit pas bien, mais très musclé, un rhinocéros en colère est capable de courir vite : il peut atteindre 40 km/h!

Ah, les gros crocos !

Certaines espèces de **crocodiles** peuvent atteindre 8 mètres de longueur et peser 1 000 kilos. Sachant qu'un crocodile du Nil adulte ne fait, en moyenne, que 50 repas par an, mieux vaut ne pas tomber sur lui à ce moment-là : on ne ferait pas le poids !

Monstre des plaines

Plus gros mammifère d'Amérique du Nord, **le bison** peut peser jusqu'à 1 000 kilos, autrement dit 1 tonne ! Montagne de muscles et de graisse, cet énorme animal est à craindre s'il se met à charger : des accidents surviennent régulièrement avec des voitures, que les bisons n'hésitent pas à charger.

½ tonne !

Plus gros carnivore terrestre avec l'ours polaire, **le grizzli** est un gourmand qui part constamment en quête de nourriture et mange de tout : viande, poisson, fruits... Tout y passe ! Il est donc normal que cet ours puisse peser 500 kilos !

7 tonnes !

On ne peut pas ne pas parler de **l'éléphant d'Afrique** qui remporte la palme dans plusieurs catégories, dont celle du plus gros animal terrestre avec ses 7 000 kilos, soit 7 tonnes. C'est presque le poids de 6 voitures ! À la naissance, l'éléphanteau pèse déjà 100 kilos, ce qui est très prometteur...

Les plus hauts

Il est difficile de passer inaperçu dans la nature lorsqu'on mesure plus de 2 mètres et que l'on vit dans des endroits clairsemés en végétation. La solution ? Impressionner les prédateurs non seulement par la taille, mais aussi par la puissance ! Sans oublier de les regarder de haut…

Montagne de muscles !

L'ours polaire impressionne par sa taille et sa force : s'il se met sur ses pattes arrière, il atteint les 3 mètres de hauteur !

5 mètres d'élégance

Du haut de ses 5 mètres, **la girafe** est le plus grand mammifère sur Terre. Avec son cou long de plusieurs mètres, elle n'a qu'à tendre la langue pour brouter les feuilles de la cime des arbres (les meilleures !). Et si elle tend le cou, c'est encore 1 mètre de gagné !

Aussi grand que gros

Aussi grand que gros, **l'éléphant d'Afrique** peut atteindre 4 mètres de hauteur. Et c'est sans compter sur sa trompe qui mesure près de 2,50 mètres ! Avec un tel gabarit, certains mâles peuvent peser jusqu'à 7 tonnes : c'est l'équivalent d'environ 200 enfants de 8 ans !

Boubou l'éléphant peut aspirer 10 litres d'eau en une seule fois avec sa trompe !

Des pattes interminables

L'autruche est le plus grand des oiseaux du monde. Dommage pour elle qu'elle ne sache pas voler ! Mais cette grande demoiselle de 3 mètres de hauteur a plus d'un tour dans son sac : c'est une championne à la course ; elle peut atteindre les 70 km/h !

King-Kong

Quand il est debout, **le gorille**, qui fait partie des grands singes comme l'orang-outan et le chimpanzé, atteint les 2 mètres de hauteur. Il en devient tellement impressionnant que lorsqu'il se met à tambouriner sur sa poitrine, on oublie souvent qu'il est un paisible herbivore !

Jusqu'a 2 mètres de bois

Du bout des pattes à la pointe des bois, **l'élan**, que l'on appelle aussi **original**, peut mesurer jusqu'à 4 mètres de hauteur ! C'est facile d'être grand quand on possède des bois pouvant atteindre 2 mètres de longueur ! Ainsi, l'élan est le plus grand des cervidés, c'est-à-dire le plus grand des herbivores à porter des bois.

Le plus haut des bovidés

C'est dans les steppes glacées d'Asie, plus particulièrement autour de la chaîne de l'Himalaya, en haute altitude, que l'on rencontre **le yack**, protégé du froid par un épais duvet. Haut de 2 mètres, il fait partie de la famille des bovidés qui comprend le bison, l'impala et le springbok.

Les plus petits

Bienvenue chez les rikikis ! Le monde animal est décidément surprenant : pour voir certaine espèces, il faut ouvrir l'œil ; il est parfois question de quelques millimètres !

Ne vous fiez pas aux apparences : malgré mon air tranquille, mon petit poids et ma petite taille, je suis un chasseur hors pair !

La grâce d'une mouche

Avec ses 1,6 gramme et sa taille de 5 centimètres, **le colibri-abeille** est le plus petit oiseau du monde. Capable de voler en marche arrière et même de faire du surplace, l'oiseau, également appelé « **oiseau-mouche** », a des ailes qui battent si vite qu'il est impossible de les voir bouger.

Tout petit renard des sables

Petit mais costaud, **le fennec** ne pèse que 1,5 kilo et ne mesure qu'une trentaine de centimètres, mais méfiance ! C'est un terrible prédateur qui attend la tombée de la nuit pour partir en quête de nourriture : c'est la terreur des insectes, des scorpions et des lézards !

Mini ouistiti

Haut d'une vingtaine de centimètres, **le ouistiti de Geoffroy** est un singe si petit qu'il peut tenir dans la main d'un humain ! Et c'est également un poids plume : à l'âge adulte, il atteint à peine 300 grammes ! Seulement présent au Brésil, le ouistiti de Geoffroy n'en est pas pour autant menacé d'extinction : les femelles donnent presque toujours naissance à des jumeaux et parfois à des triplés. La descendance est assurée !

Poids plume

Le gecko nain, également appelé **gecko des îles Vierges**, un archipel des Caraïbes où il vit, est l'un des plus petits vertébrés : il ne dépasse pas les 1,7 centimètre pour un poids de 0,14 gramme ! Avec ces mensurations, nous avons plus de chances de lui marcher dessus que de l'apercevoir !

Micro grenouille

En 2009, une toute petite grenouille de 7 à 8 millimètres de longueur a été découverte en Papouasie-Nouvelle-Guinée, dans le village d'Amau, qui a d'ailleurs donné son nom au petit amphibien : *Paedophryne amauensis*. Pour se représenter sa taille, on pourrait la porter sur le bout de notre index !

25 cm et toutes ses dents !

La belette est le plus petit des carnivores : elle mesure de 12 à 26 centimètres, sans compter la queue qui peut faire de 2 à 8 centimètres. Comme pour de nombreux mammifères, les femelles sont toujours plus petites que les mâles, même si leur taille dépend principalement de leur lieu de vie. Mais attention, les dents coupantes de la belette lui permettent de tuer des animaux pesant 10 fois son poids, comme des lapins !

Même pas peur !

Comme son nom l'indique, **le squale nain** ou **requin nain** est le plus petit des requins. Vivant dans des eaux très profondes, il possède des organes lumineux sur le ventre et mesure jusqu'à 25 centimètres : autant dire rien comparé à son cousin le requin blanc qui peut mesurer jusqu'à 6 mètres de long !

Les plus colorés

C'est dans la nature que l'on peut admirer les plus belles couleurs, notamment grâce aux animaux ! Leurs plumes, leur peau ou leurs écailles sont parfois époustouflantes. Parés de leurs plus beaux atours, le show promet d'être éblouissant !

La vie en rose

Si l'on oublie la panthère rose, il est assez rare de voir un animal de couleur rose dans la nature pour le mentionner : **le flamant rose !** La couleur de son plumage est due à une substance rose qui se trouve dans les minuscules crevettes dont il se nourrit. Un vrai régal !

En jaune et noir !

C'est en Europe, y compris en France, que **la salamandre tachetée** vit. Très peu agile et lente quand il s'agit de fuir un prédateur, sa technique de survie est ingénieuse : les bandes jaunes sur son corps préviennent les prédateurs qu'elle est venimeuse et que, s'ils la consomment, ils tomberont malades. Bien joué !

Double face

Le mandrill mâle n'a pas que le visage coloré ! Ses fesses aussi sont rouges et bleues. Et plus les couleurs sont éclatantes, plus c'est signe de bonne santé ! L'intensité de ces couleurs donne des indications quant au statut de l'animal : le singe le plus coloré sera le mâle dominant.

Arc-en-ciel sous la mer

Bleu, violet, jaune, vert mais aussi rose, **le poisson-perroquet** peut être de plein de couleurs et de reflets différents. Mais ce poisson n'est pas seulement beau, il est aussi très bénéfique pour les océans car c'est un fabricant de sable : grâce à son bec et à sa mâchoire puissante, il mange du corail qu'il rejette sous forme de sable. Et il doit aimer ça car il en produit environ 90 kilos par an !

Les pieds bleus !

Bien plus à l'aise dans les airs que sur terre, sa démarche un peu loufoque lui a valu son nom de « fou » ! Et effectivement, **le fou à pieds bleus** a bien les pieds... bleus, et il en est fier : il s'en sert pour séduire une femelle en lui montrant ses jolies pattes. Et si elle tombe amoureuse, elle pose délicatement sa tête sous son aile.

Tout rouge

Un peu à la manière du flamant rose, **l'ibis rouge** tient sa couleur de la nourriture qu'il ingurgite. Dans son cas, la couleur rouge de son plumage provient des pigments, les caroténoïdes, contenus dans ce qu'il mange : crevettes, crabes... Vivant dans les zones humides d'Amérique du Sud, son petit nom espagnol est certes mignon, mais pas si facile à dire : *corocoro rojo* !

Des couleurs par milliers

C'est à leur plumage haut en couleur que l'on distingue les aras. **Les aras macao** sont rouge et bleu, avec du jaune sur les ailes. Quant aux **aras ararauna**, ils ont le ventre jaune, les joues blanches et des plumes bleues. Pour résumer, si vous tombez sur un oiseau aux couleurs chatoyantes, il y a de fortes chances que ce soit un ara !

Les plus gourmands

Pour être en forme, il faut manger équilibré. Mais à chacun son équilibre... Certains animaux, et pas toujours ceux que l'on aurait imaginés, ont un appétit plus qu'impressionnant !

Mademoiselle gloutonne !

Dès sa naissance, à peine les yeux ouverts, **la coccinelle** a déjà un appétit d'ogresse ! Mais à l'âge adulte, c'est encore plus impressionnant : elle dévore environ 70 pucerons par jour. Et il peut même lui arriver de dévorer l'un de ses petits !

Quand le carnivore dévore...

Le lion peut ingurgiter jusqu'à 40 kilos de viande en un seul repas, soit l'équivalent de 320 steaks hachés ! Après un tel festin, il jeûne quelques jours. Même si ce sont les femelles qui chassent, c'est toujours Monsieur Lion qui se sert en premier, et il va de soi qu'il prend les meilleurs morceaux ! Vient ensuite le tour des lionnes, puis des lionceaux.

Objectif cocon !

La chenille passe ses journées à manger les feuilles qu'elle rencontre sur son passage. Le but ? Accumuler des réserves pour se transformer en papillon. En quelques semaines, elle multiplie donc son poids de naissance au minimum par 1 000. Dans ces conditions, imaginez qu'à un mois, un bébé humain pèserait déjà 3 000 kilos, c'est-à-dire 3 tonnes !

Chauve-souris vorace

Le grand renard volant, également appelé **roussette de Malaisie**, est la plus grande des chauves-souris. Et pour cause : elle ingurgite ¼ de son poids en un seul repas. Faites le calcul : c'est comme si vous mangiez 7 kilos de bananes !

Encore des feuilles !

Le colobe guéréza est capable d'ingurgiter jusqu'à 3 kilos de feuilles par jour, ce qui correspond pratiquement à la moitié de son poids ! Pour l'aider à mieux digérer certaines feuilles qui peuvent être toxiques, son estomac est divisé en plusieurs parties.

Tout est géant chez la baleine…

Malgré sa taille gigantesque, **la baleine** se nourrit de minuscules crevettes, le krill, et de petits poissons. Elle peut avaler jusqu'à une tonne de krill en un seul repas ! Elle filtre alors l'eau de mer en très grande quantité grâce à ses fanons, qui ressemblent à des « gencives-balais ».

L'exterminateur de fourmis

Le grand fourmilier, également appelé **tamanoir**, est un gros mangeur ! Il est capable de parcourir plus de 10 kilomètres par jour pour trouver des fourmilières ou des termitières. Avec sa grande langue collante, il ingurgite jusqu'à 35 000 insectes en une journée !

L'odorat de Novi est 40 fois plus développé que le nôtre : il détecte la présence de congénères à l'odeur de leur salive !

Les plus solitaires

Si beaucoup d'animaux vivent en communauté pour se protéger des prédateurs, d'autres n'ont pas besoin de la sécurité du groupe. Il s'agit souvent d'espèces qui se situent en haut de la chaîne alimentaire.

Maman poule

Le panda géant vit seul et ne retrouve la compagnie d'un individu que pour s'accoupler. La femelle panda a un, deux ou trois bébés, mais généralement, un seul survit et reste à ses côtés pendant plus de 3 ans.

Vrai pitbull, Jazzy ne supporterait pas la vie en communauté ; déjà qu'il se bagarre beaucoup...

Solitude et discrétion

Le tigre de Sumatra ne se montre que très exceptionnellement. Ce magnifique félin préfère la solitude. Pour la chasse, il cultive l'effet de surprise : c'est la technique de l'affût. Il attend patiemment et en silence qu'une proie soit à l'approche avant de lui sauter dessus !

Bains de boue en solo

Contrairement aux hippopotames amphibies qui vivent en clan avec un mâle dominant, entre 10 et 20 femelles et leurs petits, **l'hippopotame nain** préfère la vie en solitaire, dans la forêt et les zones de boue marécageuses. Aussi différent dans son mode de vie que physiquement, l'hippopotame nain est 5 à 8 fois plus petit que son grand cousin !

Jamais mieux servi que par soi-même !

Reconnaissable entre mille à sa tête si particulière, **le grand requin-marteau** est si solitaire qu'il est même capable de se reproduire tout seul. Pratique, mais risqué ! Dans un zoo du Nebraska, aux États-Unis, on a ainsi observé une femelle requin-marteau qui avait conçu un bébé toute seule, sans mâle ! Toutefois, cette pratique est risquée pour l'espèce car ces petits sont beaucoup plus fragiles que ceux nés d'un père et d'une mère.

Un arbre pour moi tout seul

L'écureuil roux est l'un des rares rongeurs à vivre seul, sauf bien sûr quand la femelle s'occupe de son petit. Bien que n'aimant pas la vie en communauté, l'écureuil roux partage son territoire avec d'autres congénères sans pour autant qu'ils n'empiètent sur son espace vital.

En haut de ma montagne...

C'est dans les forêts et les montagnes d'Asie centrale, à très haute altitude, que **la panthère des neiges** vit. Si l'on croise le chemin de plusieurs panthères, c'est qu'il s'agit d'une femelle et de ses petits, ou de jeunes issus d'une même fratrie, mais l'Homme a très peu de chances d'en rencontrer : la panthère des neiges est un animal très discret et très rare qui a besoin d'espace !

Timide mais gourmand !

Le grizzli est un animal solitaire qui passe le plus clair de son temps à chercher de la nourriture. Plutôt végétarien, il est tout de même capable de s'attaquer à de gros mammifères comme un wapiti ou un élan. D'un naturel plutôt timide, le grizzli est néanmoins curieux et gourmand, et peut, à l'occasion, se révéler extrêmement agressif : il est malheureusement régulièrement impliqué dans des accidents mortels avec l'Homme.

Les plus rapides dans les airs

Attention, le ballet des oiseaux et des insectes va commencer ! Champions du piqué et rois de la virevolte vont vous impressionner par leur rapidité et leur capacité à atteindre des vitesses record. À vos radars !

160 km/h

Le molosse du Brésil... mais qu'est-ce que c'est que cette bête ? Un chien ? Un loup ? Non, il s'agit d'une petite chauve-souris de 10 centimètres ! Certes petite, mais avec de plus grandes ailes que la moyenne, elle peut atteindre en volant les 160 km/h !

Des pointes à 400 km/h !

Rapide comme l'éclair, **le faucon pèlerin** peut atteindre la vitesse de 400 km/h lorsqu'il vole en piqué ! Quand il s'agit d'attraper une proie, pas de doute, il fonce ! Et quand il vole tout simplement, ce rapace aux longues ailes peut rivaliser avec un guépard en pleine course : 110 km/h tout de même !

Bolide à quatre ailes !

Toute jolie qu'elle est à virevolter au-dessus des mares, la petite dernière de ce classement, **la libellule**, est néanmoins extrêmement rapide pour un insecte : elle peut voler à plus de 50 km/h ! Facile quand on n'a pas deux ailes comme les oiseaux, mais quatre qui peuvent bouger indépendamment les unes des autres pour plus d'agilité !

320 km/h

Léger comme l'air, pesant au maximum 6 kilos, **l'aigle royal**, qui vit dans les montagnes, est un concurrent de choix pour le faucon pèlerin : si en descente en piqué il peut aller jusqu'à 320 km/h, sa vitesse de croisière est de 50 km/h. Mais s'il est pressé, il peut aller jusqu'à 120 km/h.

Rapide et endurant !

Le martinet est un oiseau migrateur capable de rester de longues heures dans le ciel sans avoir à souffrir de l'exercice. Des chercheurs ont ainsi enregistré un oiseau qui est resté plus de 6 mois sans se poser ! En plus d'être endurants, ces oiseaux atteignent en vol la vitesse moyenne de 200 km/h. Et qui dit plus petit ne dit pas forcément moins rapide ; les martinets épineux et les martinets noirs en sont l'exemple même : plus petits que les autres martinets, ce sont quand même eux les plus rapides !

150 km/h

La frégate est un oiseau marin noir connu pour la poche rouge placée sous la gorge du mâle se gonflant à la saison des amours. Moins connue pour ses performances, elle atteint tout de même en vol la moyenne de 150 km/h, même si certaines sont capables de battre des records en piqué pour aller capturer un poisson. Après un tel succès, les mâles pourront gonfler leur gorge et parader autour des femelles !

Aussi rapide qu'un guépard !

Petit papillon de nuit de 5 centimètres, **la noctuelle baignée** est une championne de vitesse dans sa catégorie : elle peut atteindre 112 km/h. Imaginez une course avec un guépard... Vous ne pourrez pas savoir à l'avance lequel des deux va gagner !

Les plus rapides sur la terre ferme

Recordmen de vitesse, ces animaux sont des champions dans leur catégorie ! Or, ce n'est pas tant la médaille d'or qu'ils recherchent qu'un bon repas ou la fuite ! Mais ne vous amusez pas à les énerver, parce que s'ils venaient à vous courir après, vous auriez très peu de chances de gagner...

Dans son milieu naturel, l'antilope cervicapre est très coopérative : elle travaille main dans la main avec les singes entelles pour détecter leurs prédateurs.

Vitesse et élégance

L'antilope cervicapre, aussi appelée **antilope indienne**, est considérée comme l'un des animaux terrestres les plus rapides et agiles au monde. Et elle en a grand besoin si elle compte pouvoir échapper à ses prédateurs ! Très craintive, elle s'enfuit ainsi au premier signe de danger et se lance dans un sprint à 90 km/h.

À fond !

Quand **le guépard** se met à courir, il file comme une flèche : il peut atteindre 115 km/h ! C'est l'animal terrestre le plus rapide et quand il s'agit de chasser une proie, il se lance dans une course-poursuite effroyable ! Mais au bout de 20 secondes, épuisé par l'effort, il doit reprendre son souffle : rapide mais pas du tout endurant !

20 km/h

Le mamba noir n'est peut-être pas le plus rapide de tous les animaux, mais pour un serpent, il bat des records : il peut atteindre la vitesse de 20 km/h en rampant, ce qui fait de lui un redoutable prédateur !

1, 2, 3 partez !

Élégant herbivore d'Afrique, **le zèbre** n'a pas beaucoup de moyens de défense. C'est pour cette raison qu'il vit en groupe dirigé par un mâle dominant protecteur. Toutefois, deux autres techniques lui permettent de se défendre : ses zébrures, qui l'aident à se camoufler, et la fuite face à un prédateur. Le zèbre peut ainsi, en cas de danger imminent, courir à plus de 60 km/h.

Mille pattes pour aller plus vite

La scolopendre géante, qui mesure entre 25 et 30 centimètres, fait partie de la famille des mille-pattes même si elle n'a, la malheureuse, que 42 pattes ! C'est peut-être pour cette raison qu'elle est si rapide : elle peut parcourir 50 centimètres en quelques secondes. Jolie pointe !

Cuisses d'athlète !

L'émeu ne rentre certes pas dans la catégorie des animaux les plus rapides dans les airs, mais sur terre, aucun problème ! Ce majestueux oiseau australien est un ratite, c'est-à-dire un oiseau coureur qui ne vole pas. Mais qui aurait besoin de voler quand il peut courir à la vitesse de 70 km/h ?

Taillé pour la course

Fin, léger, doté de longues pattes postérieures très musclées, **le lièvre d'Europe** peut se propulser en bonds très rapides. Cet athlète se déplace à une vitesse de 60 km/h en moyenne, mais il peut atteindre 80 km/h en pointe, en ponctuant sa course de bonds de plus de 2 mètres à la verticale !

Les plus anciens

Certaines espèces animales ont traversé les âges et survécu à bien des bouleversements, et l'on se sent très jeune à côté du triops ou du poisson d'argent !

Doucement mais sûrement

On ne pouvait pas passer à côté du **paresseux**, l'un des plus anciens mammifères ! Il serait apparu il y a 60 millions d'années, mais pas sûr qu'un jour il ait été plus rapide !

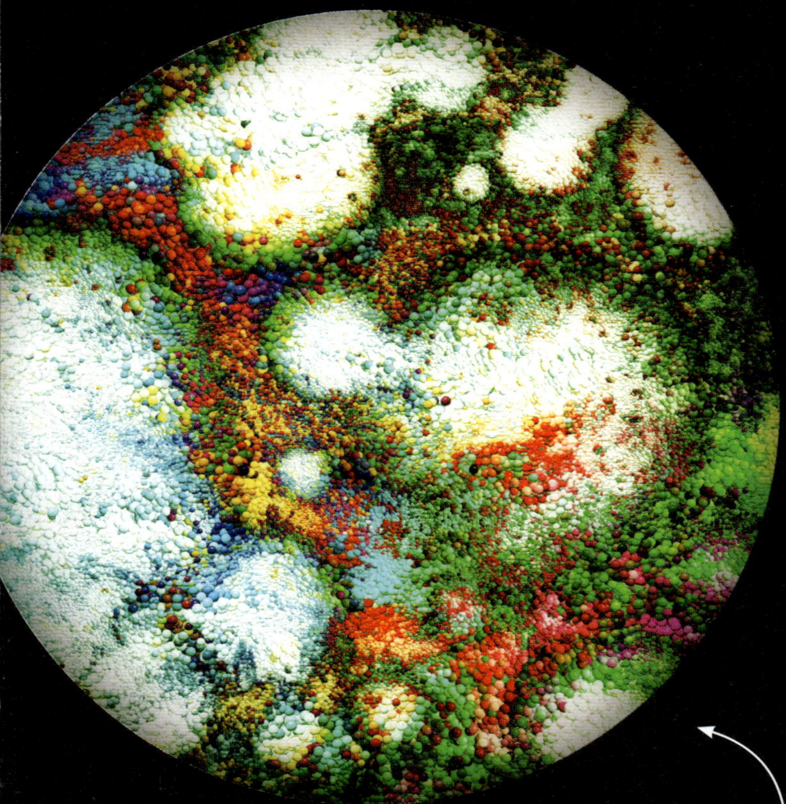

Du fond des âges

Le mérens est une race de cheval des Pyrénées qui existe lui aussi depuis la préhistoire. Des représentations ont même été retrouvées dans des grottes paléolithiques ! Il est devenu assez rare depuis qu'on ne l'emploie plus comme cheval de trait, et l'espèce doit notamment sa survie à l'engouement pour les chevaux et les loisirs équestres qui lui ont permis de sortir de l'ombre et de se faire connaître.

Il y a 3,8 milliards d'années...

La bactérie est l'être vivant que l'on trouve le plus sur Terre. Indispensable à toute forme de vie, elle est apparue il y a 3,8 milliards d'années ! La bactérie constitue la base de tous les êtres qui vivent et se trouvent dans les milieux du monde entier, du plus froid au plus chaud. Pour se reproduire, c'est simple : sa cellule se divise en deux pour donner naissance à de nouvelles bactéries.

Cauchemar en cuisine

Petite bête de 1 à 1,5 centimètre qui vit près des troncs d'arbre, mais aussi dans nos cuisines et salles de bains, **le poisson d'argent**, également appelé **lépisme**, n'a subi aucun changement depuis 300 millions d'années ! Force de la nature, il est capable de survivre pendant un an sans se nourrir, mais il est tout de même très friand des détritus et des denrées alimentaires qu'il trouve dans nos maisons.

Increvable !

Le triops est un crustacé d'eau douce qui n'a pas évolué depuis 220 millions d'années ! D'une taille de 4 à 6 centimètres, le triops qui, comme son nom l'indique, possède trois yeux, est super résistant à la chaleur et au gel. Son espérance de vie ne dépassant pas 2 mois, ses œufs se doivent d'être résistants : même déshydratés, ils peuvent survivre plusieurs années hors de l'eau !

Salut l'ancêtre !

Apparu il y a environ 20 millions d'années, **le tapir** est l'un des mammifères les plus anciens ! Or sa survie n'est aucunement due aux nombreuses naissances : les femelles mettent au monde un seul petit tous les deux ans après l'avoir porté pendant plus d'un an !

Au Zoo de La Flèche, le passe-temps préféré de Shadow, c'est de se rouler dans la boue pour débarrasser sa peau des insectes.

Vache préhistorique

Le bœuf musqué est connu depuis la préhistoire. Autrefois chassé par les Hommes préhistoriques, il l'est encore aujourd'hui, mais cette fois, les conséquences sont plus graves : il a failli disparaître au XXe siècle, mais depuis quelques années, sa population a augmenté, notamment grâce à sa réintroduction dans certains territoires du Groenland et dans certaines régions polaires arctiques.

Les plus lents

Prendre son temps, se déplacer doucement, mastiquer avec application... Dans un monde qui bouge à cent à l'heure, ces animaux savourent le temps qui passe !

Pour un paresseux, Slow est un prénom bien trouvé !

Brouteur mais pas coureur

Aussi surnommé « **vache de mer** », **le lamantin** est un gros herbivore qui passe son temps à brouter les plantes marines, et il ne lui faut pas moins de 50 kilos de végétaux pour être rassasié. Son allure est adaptée à ce régime faible en calories : il dépasse rarement les 7 km/h, sauf s'il est pourchassé par un prédateur, et là, il est capable de faire des pointes à 25 km/h. Imaginez le temps de récupération qui s'ensuit !

Lentement mais sûrement

Si sa cousine, la tortue de mer, est une véritable sportive capable de parcourir de nombreux kilomètres et de se laisser porter par l'eau, **la tortue de terre**, quant à elle, avance à la vitesse de 0,5 km/h... Il lui faut pas moins de 10 heures pour parcourir 5 kilomètres ! La réputation de la tortue est donc fondée !

Éloge de la lenteur

C'est à la nuit tombée que le pic d'activité pour le paresseux commence : avec ses 38 mètres parcourus au maximum chaque jour, **le paresseux** s'économise ! Et quand il doit faire ses besoins, une fois par semaine, il descend de son arbre ; il se déleste alors de plus d'un tiers de son poids ! De quoi gagner en vitesse, non ?

Plus lente que l'escargot !

Le présumé champion de la lenteur, l'escargot, s'est fait détrôner par **la limace** ! Avec une vitesse de 3 cm/min, la limace est plus lente que l'escargot !

Pas de galop pour l'hippocampe

Malgré son appellation de cheval de mer, **l'hippocampe** n'a rien du cheval en ce qui concerne la vitesse : il est d'une lenteur incroyable ! Pour se déplacer, il agite sa nageoire dorsale en laissant son corps à la verticale, contrairement aux autres poissons, et il ne nage ni bien ni vite : il parcourt moins de 2 mètres en une heure.

Rampe qui peut !

Pas facile d'être **une étoile de mer**, surtout quand il faut aller vite ! Se déplaçant à la vitesse de 14 centimètres par minute, l'étoile de mer a le temps de se faire dévorer par un poisson, une loutre ou un crabe s'il l'a choisie comme proie !

Concombre au ralenti

Souvent comparé à la chenille, **le concombre de mer**, également appelé **holothurie**, se déplace seulement à la vitesse de 15 à 20 centimètres par heure au fond de la mer. Toutefois, si un danger approche, le concombre de mer se propulse au moyen de puissantes contractions et déguerpit rapidement !

Les as de la pêche

Un grand bec, une force immense, une agilité hors pair, des moustaches hypersensibles ou des pièges élaborés par les plus rusés, chacun sa technique en matière de pêche ! Mais qui sera le meilleur et rapportera la plus belle prise ?

Vibrisses expertes !

Grâce à sa bonne vue mais aussi à ses longues moustaches sensibles, les vibrisses, qui lui servent à détecter son environnement, **l'otarie de Californie** excelle dans l'art de trouver des proies : merlans, saumons et harengs ne peuvent lui résister !

La pêche à la nasse

Le pélican est l'un des plus gros oiseaux capables de voler. Mais c'est dans l'eau et à plusieurs qu'il se nourrit. La technique : le bec grand ouvert dans l'eau, les pélicans forment une sorte de nasse avec leur poche qui peut contenir jusqu'à 10 litres d'eau et de nombreux poissons. Ensuite, tour à tour, ils referment alors leur bec, emprisonnant ainsi les poissons dans leur gueule, puis rejettent l'eau avant d'avaler leurs proies ! Futé !

Pêche à l'appât

Plus grosse tortue d'eau douce, **la tortue-alligator** n'a pas son pareil pour pêcher tranquillement des poissons : elle ouvre grande la bouche, puis laisse des petits morceaux de chair rose situés sous sa langue s'agiter. Les poissons croient alors y voir un bon ver à manger et paf ! Ils se retrouvent piégés dans la bouche de la tortue qui n'a plus qu'à savourer !

Moins redoutable que la moyenne, Cheyenne est assez froussarde et se fait souvent chasser par les corneilles !

La technique de l'embuscade

Comme son nom l'indique, **le chat pêcheur** vit dans les forêts tropicales, près des lacs et des marais dans lesquels il pêche. Excellent nageur, il est capable de plonger derrière les proies qu'il poursuit ensuite. Mais ce qu'il préfère, c'est l'embuscade : il se tient caché le long des berges et attrape d'un coup de patte rapide et précis sa proie ! Mais quand il n'a pas envie de se mouiller, il attend que la marée se retire pour capturer les crabes et poissons prisonniers des trous.

Le pro du plongeon

Le pygargue à tête blanche est un pêcheur expérimenté. Doté de paupières qui l'empêchent d'être aveuglé par la luminosité de l'eau, il a des yeux d'une efficacité redoutable : il repère sa proie dans l'eau et la saisit avec ses longues serres, qui lui permettent d'attraper de gros poissons. Il peut porter la moitié de son poids dans ses serres tellement ces dernières sont puissantes.

L'occasion fait le larron

L'albatros hurleur a un odorat surdéveloppé, surtout pour un oiseau. Il peut ainsi repérer une proie à 20 kilomètres de distance ! Avec une envergure impressionnante de plus de 3 mètres, il est plutôt mauvais plongeur. Il se nourrit donc près de la surface. Et surtout, il profite des bateaux de pêche pour se nourrir de crustacés, de poissons et de mollusques rejetés par-dessus bord !

Il n'en fait qu'une bouchée !

C'est près des cours d'eau que **le martin-pêcheur** vit. Friand de petits poissons, il peut y puiser sa nourriture. Alors quand il repère une proie, il se jette sur elle et l'avale la tête la première. Mais si elle n'est pas dans le bon sens, il la fait sauter pour la retourner et finit par l'engloutir !

Les plus fidèles

Pour certains animaux, les saisons se suivent et se ressemblent. Or, quand ils sont en couple, c'est pour la vie !

Au sein de colonies de plusieurs milliers d'oiseaux, pas facile de retrouver sa moitié !

La vie en rose

Chaque année, à la saison des amours, les couples de **flamants** se reforment et délimitent leur territoire où ils fabriquent leur nid. Ce nid abritera un unique œuf qui sera couvé par ses parents à tour de rôle. Une semaine après l'éclosion, l'oisillon rejoint une grande « crèche », surveillée par des adultes, et ne retrouve ses parents que lors des repas.

À la vie, à la mort !

Quand on pense aux vautours, on ne pense pas forcément à la tendresse et à la fidélité. Et pourtant, **les vautours aura** n'ont qu'un seul partenaire durant toute leur vie. Les couples ne construisent pas de nid, mais déposent leurs œufs dans un trou ou à même le sol. Ils reviennent chaque année au même endroit pour couver leurs petits. Ils restent unis jusqu'à la mort de l'un des deux partenaires.

Tendres baisers

Pour exprimer leur amour, **les aras** passent leur temps à se becqueter, une manière bien à eux de se dire « Je t'aime » ! Seule la mort ou la disparition d'un partenaire peut séparer le couple ; ils sont unis pour la vie.

Super parents !

Les manchots empereurs sont prêts à tout par amour : ils peuvent parcourir plus de 200 kilomètres pour se reproduire. Même s'il vit en grand groupe, le manchot choisit un seul partenaire : un couple manchot est uni pour la vie. La femelle manchot pond jusqu'à deux œufs par nichée et c'est à deux que les manchots s'occupent de leurs œufs, qu'ils sont prêts à défendre à grands coups de bec en cas de menace.

La famille, c'est sacré !

Lorsqu'un couple de **chacals dorés** se forme, c'est pour la vie. Quand les petits viennent au monde, le mâle et la femelle s'en occupent ensemble. Un ou deux petits resteront ensuite auprès de leurs parents pendant un an environ, afin de les aider à élever la portée à venir. Un pour tous, tous pour un !

Pour le meilleur et pour le pire

Chez **le poisson-ange empereur**, aussi appelé **ange de mer impérial**, tous les poissons naissent femelles et changent éventuellement de sexe au cours de leur vie pour devenir mâles. Une fois qu'un couple est formé, les poissons restent partenaires toute leur vie.

Couple fusionnel

Les siamangs sont monogames, c'est-à-dire qu'ils n'ont qu'un seul partenaire. Très fidèles, les couples sont également très fusionnels : ils vivent ensemble, s'endorment serrés l'un contre l'autre sur une branche, chassent ensemble, etc.

Les meilleurs parents

Chez les animaux, il y a vraiment des parents exemplaires : entre ceux qui se sacrifient pour leurs petits et ceux qui les gardent sur leur dos... on ne sait lesquels choisir.

Le don de soi

Peu de temps après avoir donné naissance à ses petits, **la pieuvre** trouve la mort. Mère dévouée, elle s'occupe de ses œufs pendant plusieurs semaines, les protège, les nettoie... tant et si bien qu'elle en oublie de s'alimenter et finit par mourir.

Ce n'est qu'à la saison des amours que les mâles et les femelles ours polaires se rencontrent.

Seule contre tous

Après une gestation de 7 à 9 mois, **l'ourse polaire** élève seule ses petits et les défend des mâles qui n'hésiteraient pas à les tuer pour s'en nourrir. Le petit ourson reste donc sous la protection de sa mère pendant deux ans et demi.

Jamais sans maman

Le petit orang-outan reste accroché au ventre de sa mère pendant un an, mais demeure à ses côtés pendant quatre années de plus. Certains petits sont tellement proches de leur mère qu'ils l'aident à élever leurs frères et sœurs. En échange, la maman orang-outan apprend à son petit à trouver de quoi se nourrir et comment éviter les dangers de la forêt. C'est donnant-donnant !

Maman et bébés à l'abri !

Le papa **calao** enferme la femelle et ses œufs dans un creux d'arbre et ferme l'ouverture grâce à un mélange de fiente et de boue. Mais il ne les abandonne pas ! Il les met juste à l'abri des prédateurs et vient les nourrir par une petite ouverture.

Papa poule !

Chez **les nandous**, les femelles pondent dans un énorme nid d'un mètre de diamètre qui peut accueillir plusieurs dizaines d'œufs ! Mais ce n'est pas la femelle qui couve les œufs et élève les petits, c'est le mâle. Et attention ! Chasse gardée, personne n'a le droit de s'en approcher ! Même pas leur propre mère...

Super maman mais pas longtemps...

Chez **les scorpions**, on peut dire que la femelle est une maman poule. Elle garde ses petits – qui peuvent être jusqu'à 100 ! – sur son dos jusqu'à la première mue. À partir de cet instant, les petits ont intérêt à déguerpir et à se méfier de leur mère : elle est capable de les dévorer !

Les plus longs

Les animaux peuvent être impressionnants non seulement par leur hauteur, mais aussi par leur longueur !

Malgré son poids et sa taille, le python réticulé est un excellent nageur, mais aussi un agile grimpeur.

10 mètres de terreur

Le python réticulé détient le record du plus grand serpent au monde : il mesure entre 4 et 9 mètres et pèse entre 90 et 140 kilos. En 1912, on a capturé une femelle mesurant 10 mètres ! Ce géant vivant en Asie tue ses proies par constriction – il s'enroule autour d'elles dans le but de les étouffer. Et vu sa longueur, il peut s'attaquer à des proies de grande taille et s'enrouler plusieurs fois autour d'elles !

À la file indienne

La baleine bleue, que l'on appelle aussi **grand rorqual**, est le plus gros, mais également le plus grand des animaux du monde. Du long de ses 30 mètres, soit l'équivalent d'environ 12 voitures en file indienne, la baleine est très impressionnante ! Toutefois, il faut la protéger car elle fait partie des espèces en danger. On estime qu'il ne resterait que 5 000 baleines bleues à l'état sauvage.

3,50 mètres

Le dragon de Komodo, ou varan de **Komodo**, est le lézard le plus long du monde : 3,50 mètres pour 135 kilos. Doté d'une puissance remarquable, le dragon ne craint personne, sauf un congénère plus gros que lui !

Le plus long des invertébrés

Le calamar géant porte bien son nom, car il peut mesurer jusqu'à 13 mètres de long ! C'est le plus grand des invertébrés, c'est-à-dire des animaux sans colonne vertébrale. Il possède huit bras couverts de ventouses, ainsi que deux tentacules plus grands, qui lui permettent de capturer ses proies et de les amener directement dans sa bouche.

18 mètres

Facilement reconnaissable à sa grosse tête carrée, **le cachalot** est la plus grande des baleines à dents. Deux fois plus grands que les femelles, les mâles peuvent mesurer jusqu'à 18 mètres de long pour un poids d'environ 40 tonnes !

9 mètres

C'est dans tous les océans du monde que cette géante vit. Très gros dauphin, **l'orque** est un mammifère pouvant mesurer jusqu'à 9 mètres de long. Imagine alors un groupe d'orques en pleine partie de pêche : difficile de passer inaperçues !

2,50 mètres

Longue de 2,50 mètres, **la murène verte** est une redoutable prédatrice. Vivant dans les zones rocheuses et près des récifs coralliens, c'est à la nuit tombée que la murène se faufile hors de son trou et chasse ses proies qu'elle aura préalablement repérées grâce à son odorat très développé.

Même pas froid !

Il existe des endroits sur Terre où la température descend très fréquemment en dessous de -30 °C. Mais certains animaux sont capables de résister à ces températures extrêmes. On ne craint pas la chair de poule quand on a une fourrure de compétition !

Incroyables tardigrades !

Ces champions de la résistance au froid sont capables de se dessécher complètement ! Le record est détenu par deux individus et un œuf qui ont passé plus de 30 ans au congélateur avant de reprendre leurs activités et, même, de se reproduire.

Pas une fourrure, mais deux...

L'ours polaire, l'un des plus grands carnivores terrestres, est particulièrement adapté aux températures glaciales : ses petites oreilles et sa courte queue lui permettent d'éviter toute perte de chaleur inutile. Mais son atout majeur, c'est sa fourrure, ou plutôt ses deux couches de fourrure ! La première, la sous-fourrure, est très dense et sert à isoler l'animal du froid, la deuxième se superpose à la première et est constituée de poils plus longs. Un manteau idéal !

Isolé jusqu'au bout des pattes

Emblème officiel du Québec, **le harfang des neiges** est le plus grand des hiboux d'Amérique. Son arme anti-froid : son duvet ! Il possède un épais duvet qui recouvre tout son corps, du bec au bout des pattes, ce qui lui permet de s'isoler complètement du froid. Grâce à cette protection, il peut maintenir la température de son corps entre 38 et 40 °C, même lorsque la température de l'air atteint -50 °C !

Un plumage à toute épreuve !

Le manchot empereur vit et se reproduit dans un environnement extrêmement froid. La température de l'air peut descendre jusqu'à –40 °C, et le vent est glacial ! La protection des manchots contre le froid est assurée à 80 % par leur plumage, d'une densité exceptionnelle (15 plumes par cm^2) et par une épaisseur de graisse pouvant atteindre 3 centimètres ! Cette couche graisseuse limite parfois un peu le manchot empereur dans ses mouvements...

Dans son manteau d'hiver...

La fourrure du **tigre de Sibérie**, aussi appelé tigre de l'Amour, s'épaissit l'hiver pour lui permettre de survivre aux conditions glaciales. Mais ce manteau d'hiver a un autre avantage : beaucoup plus clair que la version « printemps », il permet au tigre de passer inaperçu, ou presque, dans la neige, et ainsi de pouvoir chasser et se nourrir correctement !

L'hiver au sec

Appelé **caribou** au Canada, **le renne** adapte sa température intérieure à la température extérieure. Son secret : une épaisse fourrure, imperméable et très isolante, qui lui permet de bien supporter le froid (jusqu'à –50 °C !). En automne et en hiver, le renne se garnit de poils laineux. Long de 4 à 5 centimètres, chacun d'eux est rattaché à une glande qui l'imperméabilise : le pelage reste bien sec, et il ne souffre ni de la pluie ni du froid.

Fabrique d'antigel !

Les larves de **la mouche arctique** peuvent survivre à des froids atteignant les –50 °C ! Cette petite mouche est remplie de glycérol, un alcool que l'on trouve à l'état naturel dans notre corps, mais en des quantités moindres ! Cette substance aide la mouche arctique à ne pas geler, car elle empêche la glace de se former.

Les plus adaptés aux températures chaudes

Les températures caniculaires ne sont pas un problème pour certaines espèces : leur organisme et leur comportement sont parfaitement adaptés à ce type de climat. Les solutions trouvées sont parfois surprenantes !

Pattes mouillées, fraîcheur assurée

Rien de mieux que de se lécher les pattes avant pour se rafraîchir ! Voici la solution adoptée par **le kangourou roux** qui vit dans le bush australien. Adapté à son climat, le kangourou roux peut rester plusieurs semaines sans boire !

Une petite soif !

À ne pas confondre avec le dromadaire qui n'a qu'une bosse, **le chameau** vit en Asie et peut résister à des températures extrêmes : −40 °C en hiver mais aussi 40 °C en été ! Pour cela, son corps s'est adapté : en cas de forte chaleur, le chameau est capable d'économiser l'eau contenue dans son corps (urines concentrées, arrêt de la sudation, adaptation de sa température corporelle, etc.) et s'il rencontre un plan d'eau, il peut boire jusqu'à 135 litres d'eau en 10 minutes pour reconstituer ses réserves !

Une crème solaire très personnelle

Grand amateur de bains et cousin de la baleine, **l'hippopotame** passe ses journées dans l'eau à se rafraîchir. Ayant une peau sensible au soleil et à la déshydratation, l'hippopotame sécrète sa propre crème solaire : il s'agit d'un fluide rouge et visqueux, appelé « sueur de sang », qui le protège des brûlures et du dessèchement.

Eau en stock !

Bien que vivant dans les déserts et les régions semi-arides d'Amérique du Nord, **le crapaud du désert** reste un amphibien qui a besoin d'eau. On le retrouve donc souvent près de points d'eau. Pour se protéger de la chaleur, ce crapaud s'approprie des terriers abandonnés et ne sort qu'à la tombée de la nuit.

La rosée du matin…

C'est au petit matin, lorsque les dunes du désert sont plongées dans le brouillard, que **le scarabée du désert** pointe le bout de son nez : il est temps pour lui de faire ses réserves en eau. Pour cela, l'animal baisse la tête, pointe son abdomen vers le ciel et attend que la rosée se dépose sur lui avant de boire. Autre technique pour résister à la chaleur, le scarabée est doté de longues pattes qui éloignent son corps du sable brûlant et lui permettent de courir vite s'il doit se déplacer dessus.

L'eau est partout

Également connu sous le nom de « **petit renard des sables** », **le fennec** est un petit omnivore qui a su s'adapter à sa vie dans le désert : c'est dans les rongeurs, les insectes, les scorpions, les lézards et les plantes qu'il mange, qu'il récupère l'eau dont il a besoin pour s'hydrater.

Bunker du désert

C'est dans le désert du Sahara, à proximité d'un terrier parfois creusé sur plus de 4 mètres de profondeur, que **le lézard fouette-queue** vit. Ce terrier lui sert d'abri et de refuge contre les prédateurs, mais aussi de protection contre la chaleur du désert. Durant l'été, lorsque les conditions de sécheresse sont trop extrêmes, il passe en mode « hivernation » : on parle alors d'estivation.

Les plus intelligents

Certains animaux peuvent faire preuve d'imagination, de mémoire, ou même être capables de réfléchir pour résoudre un problème. De quoi nous impressionner !

Une mémoire d'éléphant

Si on dit avoir « une mémoire d'éléphant », ce n'est pas pour rien ! Des études ont montré que **les éléphants** sont, par exemple, capables de se souvenir d'un endroit et d'y retourner pour chercher à boire ou à manger. L'éléphant possède le plus gros cerveau de tous les animaux, même si cela ne signifie pas forcément qu'il est le plus intelligent.

Huit bras et un cerveau

La pieuvre est le plus intelligent de tous les invertébrés. Étudiées en laboratoire, certaines sont capables de dévisser un couvercle, après qu'on leur a montré l'exemple, ou de sortir d'un labyrinthe.

Une intelligence hors norme

Rares sont les animaux capables de se servir d'outils. Or **le chimpanzé**, qui partage 98 % de son patrimoine génétique avec nous, se sert d'outils exactement comme le ferait un humain : il peut utiliser un bâton ou une pierre quand il en a besoin.

Cache-cache

Le geai des chênes n'a peut-être pas la dextérité d'un chimpanzé, mais en tout cas, il a une bonne mémoire : il enterre ses glands pour l'hiver et se souvient toujours de sa cachette !

Quel talent !

Le perroquet n'a pas ce que l'on appelle une cervelle d'oiseau. Son aptitude à parler n'est pas son seul talent. Certains individus parmi les aras auraient le même niveau d'intelligence qu'un enfant de 5 ans : ils peuvent reconnaître des formes, des couleurs et résoudre de petits problèmes !

Yago est très malin ; c'est toujours avec plaisir qu'il découvre un « carton surprise » déposé par les soigneurs !

Chef de chantier

Le castor est un champion dans la catégorie « bâtisseur ». Il est capable d'abattre des arbres grâce à ses incisives tranchantes, de construire des barrages et une grande hutte dans laquelle il s'installe avec sa famille.

Expert en communication

Le dauphin ne peut pas parler mais il émet des sifflements, des cris et des claquements qui lui permettent de communiquer avec ses congénères. Il est également doté d'un 6e sens, l'écholocation, système d'émission d'ondes qui lui permet de repérer ses proies ou ses congénères de manière précise.

La bricoleuse

Très agile de ses pattes, **la loutre de mer** est capable d'utiliser un caillou comme un outil. De cette façon, aucun fruit de mer ne lui résiste ! C'est elle aussi qui creuse son terrier, appelé catiche, dans les berges, et, grand luxe, elle y construit même un accès direct à l'eau par un souterrain !

Les plus malins

Se fondre dans le décor, faire le mort, mutiler son corps… Le génie des animaux n'a pas de limites quand il s'agit de sauver sa peau !

Le crachat qui tue !

Le poisson-archer est très malin : s'il repère un insecte ou une araignée, il bondit hors de l'eau et lui crache dessus. Ainsi, sa proie est déséquilibrée, voire assommée, et tombe dans l'eau. Le poisson-archer n'a alors plus qu'à se servir ! Miam !

Pas de bras… pas de problème !

Si **l'étoile de mer** perd un bras, pas de souci, il repousse ! Certaines espèces font même exprès de se séparer de l'un de leur membre afin qu'il donne naissance à une nouvelle étoile de mer. Un moyen insolite de se reproduire !

Doux comme un panda roux

Aussi longue que son corps (elle mesure entre 30 et 60 centimètres), la queue du **panda roux** lui est bien utile : il s'en sert comme d'un oreiller, et s'il a froid, hop ! La queue se transforme en couverture. Pratique, non ?

Au zoo, Yang passe sa journée dans les arbres : il y fait la sieste, s'y cache…

Mauvais sang

Pas bête, **la coccinelle** se fait saigner pour échapper à ceux qui lui veulent du mal : son sang a un goût si infect qu'il fait fuir presque tous les prédateurs, hormis quelques oiseaux. D'autres insectes, comme la sauterelle, utilisent cette technique imparable !

Laissez-moi, je suis mort !

Pour échapper à ses prédateurs, **l'opossum** fait semblant d'être mort et il simule bien : gueule ouverte, langue pendante, immobile, tout laisse à croire qu'il est vraiment mort ! Et comme peu d'animaux se nourrissent de bêtes mortes (sauf les charognards), ils passent leur chemin !

Deux petits tours et puis s'en va !

Quoi de plus rusé que de s'automutiler pour échapper à son adversaire ? **Le lézard** peut se séparer d'un bout de sa queue, qui, en plus, continuera de bouger, pour que le prédateur croie avoir tiré le gros lot, mais non ! Il n'a droit qu'à un bout de queue entre les dents. La queue repoussera quelques semaines après, mais attention, le lézard ne peut jouer ce tour qu'une fois : la prochaine, sa queue ne repoussera pas !

Où es-tu ?

Cachée dans les massifs coralliens, **la pieuvre** a plus d'un tour dans son sac : si un ennemi approche, elle change de couleur pour se camoufler ou projette un nuage d'encre noire. Le prédateur ne voit alors plus rien ! Plus fort encore, **la pieuvre mimétique** est capable d'imiter un autre poisson en changeant de forme pour ne pas se faire repérer ! Complètement effrayant !

Les plus grands séducteurs

Quand vient la saison des amours, les animaux rivalisent d'ingéniosité pour séduire leur partenaire et certains y parviennent mieux que d'autres grâce à leurs prouesses physiques et artistiques. Ces animaux n'ont pas peur de la concurrence et sont prêts à se « battre » bec et ongles pour séduire l'être aimé.

Le grand saut

À la saison des amours, **la baleine** mâle fait de magnifiques et impressionnants sauts hors de l'eau. Il en faut de l'énergie pour faire voltiger ainsi 145 000 kilos ! Mais quand plusieurs mâles se battent pour une femelle, il faut sortir du lot par tous les moyens !

Fier comme un paon

Adepte du « Suis-moi je te fuis, fuis-moi je te suis », **les paons mâles** se lancent dans une parade endiablée pour trouver une femelle. Après avoir déployé son éventail de longues plumes aussi belles que colorées et longues (environ 1,5 mètre), le paon enchaîne quelques pas de danse qui s'accélèrent dès qu'une femelle s'approche. Mais pour attiser sa curiosité, cette dernière commence par le fuir, et finit par céder.

Chansons d'amour...

Êtes-vous déjà passé près d'une mare pleine de **grenouilles** au début du printemps ? Les mâles s'en donnent à cœur joie ; ils donnent un véritable concerto de « coâ, coâ » en gonflant leur gorge et en espérant que leur chant séduira une femelle.

Tu me fais tourner la tête...

Chez **les hirondelles**, le mâle doit montrer à la femelle qu'il en vaut la peine. Il va donc voltiger autour d'elle et essayer de l'impressionner par sa taille et par la longueur de ses plumes situées sur son arrière-train.

Un cœur gros comme ça !

Le mâle frégate superbe a un cœur énorme ! À la saison des amours, il gonfle sa poitrine – qui est en fait une poche membraneuse rouge située sous sa gorge – pour impressionner les femelles. Relativement difficile à convaincre, la femelle ne se laissera séduire qu'après plus de 10 jours de parade amoureuse ! Il faut être tenace quand on est une frégate mâle.

C'est entre 9 et 12 œufs que les femelles pondent ! Ça en fait des petits à surveiller pour le papa.

Plus tu es lourd, plus je t'aime !

Chez **les émeus**, c'est la femelle qui choisit le père de ses petits. Mais cette dernière a une méthode bien à elle : elle demande à ses prétendants de s'asseoir sur elle et le plus lourd remporte la partie. En effet, l'oiseau le plus lourd étant le plus gras, il aura les ressources nécessaires pour couver l'œuf pendant 55 jours sans manger ! Organisée, la future maman.

Rendez-vous au soleil

Quand il s'agit de parader, **le paradisier de Raggi** mâle n'a pas son pareil : perché dans la canopée, sur la même branche qu'il utilise chaque année, il déploie ses spectaculaires plumes jaunes et blanches, fait de grands bonds et pousse des petits cris pour séduire une femelle. Or, plus ses plumes seront belles et bien fournies, plus il aura de chances de plaire à sa belle. Et une fois que la femelle dit oui, rien de mieux qu'une petite course-poursuite dans les arbres pour concrétiser l'entente.

Les plus grands amoureux

Quand ils se sont choisis, c'est parfois pour la vie. La fidélité en couple de certaines espèces est étonnante, tout comme peuvent l'être la tendresse et l'attention que les partenaires manifestent l'un pour l'autre.

Couple fusionnel

Voici un signe qui ne trompe pas quand deux **cygnes** sont amoureux : ils forment un cœur avec leur cou et nagent ensemble. Une fois que la femelle a pondu ses œufs, elle s'en occupe mais se fait souvent remplacer par le mâle qui reste avec elle fidèlement.

On ne se quitte pas d'une plume

En couple, **les aras** sont éperdument amoureux l'un de l'autre. Ces oiseaux vivent en bandes, mais les couples restent ensemble à l'intérieur même du groupe, durant les vols également. Pleins de petites attentions, ils se lissent les plumes, se nettoient mutuellement la tête et s'occupent ensemble de leurs petits, plumes contre plumes.

Jaloux comme un chacal !

Très amoureux de leur partenaire, **les chacals** peuvent se montrer vraiment hargneux si un rival tente de s'en approcher. Ils vivent en famille restreinte : le mâle et la femelle, accompagnés de leurs petits.

Rendez-vous dans un an

Grand voyageur, **l'albatros** est capable de parcourir des milliers de kilomètres en une semaine. Mais cela ne l'empêche pas de retrouver son partenaire tous les ans au même endroit pour la reproduction. Et ces retrouvailles sont faites de frottage de becs et de danses nuptiales.

Amoureux transi

Chez **l'éléphant**, quand on s'aime, on ne fait pas semblant ! Le mâle entoure la femelle de petites attentions affectueuses : il l'arrose d'eau fraîche quand elle a trop chaud ou va lui chercher de quoi manger. Tous deux se font des caresses sur la tête avec leur trompe ou enlacent leurs deux trompes tendrement. Les couples d'éléphants ont peu de rapports sexuels, mais passent tout leur temps ensemble.

Malgré tout l'amour qu'ils se donnent, les naissances sont rares chez les éléphants : les femelles ont un petit tous les 4 ou 5 ans.

Comme leur nom l'indique !

Originaires d'Afrique, **les inséparables**, de la famille des perroquets, doivent leur nom au fait que les couples passent leur temps ensemble, à se lisser les plumes, par exemple.

Les plus propres

L'Homme n'est pas la seule créature à faire rimer « santé » et « propreté ». L'hygiène est aussi une préoccupation dans le monde animal, et la toilette a souvent une grande importance. Nos méthodes sont différentes, voilà tout : chez les animaux, être propre peut signifier manger ses poux ou se lécher les yeux...

Walt fait toujours très attention à son pelage ; il ne faudrait pas qu'il s'abime !

Mon pelage avant tout

Comme beaucoup de loutres, **la loutre du Canada** prend grand soin de son pelage et effectue une longue et minutieuse toilette après chaque baignade. Ses poils étant son seul moyen de se protéger du froid, elle se doit de veiller à leur bon entretien.

Chaque chose à sa place !

Contrairement à la réputation qu'on veut bien lui donner, **le cochon** est l'un des rares animaux à aller déposer ses excréments le plus loin possible de l'endroit où il mange. Une vraie fée du logis !

Monsieur propre

Le labre nettoyeur est un petit poisson tropical qui passe le plus clair de son temps à nettoyer les autres poissons. Posté sur eux, le labre se nourrit des parasites et des peaux mortes qu'il trouve et toutes les parties de leur corps y passent : écailles, nageoires, branchies, bouche, etc. Et il n'a pas peur de se faire manger car ces poissons lui sont vraiment reconnaissants du service rendu. Pas sûr qu'il soit l'animal le plus propre mais en tout cas, grâce à lui, les autres le sont !

Des pattes irréprochables !

Avez-vous remarqué que **les mouches** passaient beaucoup de temps à se frotter les pattes ? Elles procèdent ainsi pour se débarrasser des poussières qui se seraient déposées sur les minuscules poils sensoriels qui recouvrent leurs pattes. Malheureusement, cette microtoilette ne leur permet pas d'éliminer les bactéries, c'est pourquoi elles peuvent nous transmettre des maladies.

Les pros de l'épouillage

Chez **les babouins**, on passe beaucoup de temps à s'épouiller. Comme de nombreux autres primates, le babouin cherche les tiques et les poux dans la fourrure de ses congénères. Cette toilette mutuelle est importante pour eux car elle permet – en plus de les débarrasser des parasites – de rapprocher les animaux les uns des autres.

L'hygiène avant tout

Le raton laveur porte fort bien son nom : après avoir trouvé quelque chose à se mettre sous la dent, il prend bien soin de laver ses aliments avant de les consommer. Très habile de ses mains, le raton laveur aurait une sensibilité semblable à celle de l'être humain.

Un coup de langue et c'est reparti !

D'un grand coup de langue, **le gecko géant de Madagascar** se nettoie les yeux. N'ayant pas de paupières, le gecko se lèche les yeux pour nettoyer la membrane qui les protège.

Les plus cracras

Entre celui que l'on sent à des kilomètres à la ronde, celui qui mange ses excréments et celui qui vomit dans son nid, il y a de quoi être étonné !

La moufette qui fouette

Fidèle à sa réputation, **la moufette** est capable de dégager une odeur pestilentielle grâce à deux glandes situées près de sa queue. Comment fait-elle ? Rien de plus simple : elle se retourne, soulève sa queue et psssht ! Elle projette un jet à l'odeur nauséabonde qui ferait fuir le plus téméraire !

Pelotes et compagnie

Si vous voulez repérer le nid d'une **chouette**, regardez par terre : il y a souvent des restes d'animaux que les chouettes ont mangés ! En effet, les chouettes ne peuvent avaler ni les os ni les poils de leurs proies, et recrachent donc des boules appelées pelotes de réjection.

Ni vu, ni connu

La maman **gazelle** fait tout pour protéger son petit des prédateurs qui rôdent, comme les lions ou les léopards. La gazelle peut aller jusqu'à manger ses crottes et boire son urine pour ne laisser aucune trace de son passage !

On le suit à la trace !

Doté de grands yeux, **le galago** ressemble à une petite peluche, mais il n'en a pas les caractéristiques : avez-vous déjà vu une peluche uriner sur ses pattes ? Bizarre, certes, mais de cette façon, il laisse son odeur partout où il passe et marque ainsi son territoire !

Éboueur du ciel

C'est bien simple, **la mouche** se nourrit d'absolument tous les déchets laissés par l'homme ou l'animal, **la mouche verte** se délectant tout particulièrement des déjections canines. Beurk ! Présente partout dans le monde, elle transmet de nombreuses maladies comme la typhoïde ou le choléra, qui peuvent être mortelles.

Vomito

Le vautour a une technique bien à lui pour éloigner les curieux qui s'approchent trop près de son nid : il vomit sa nourriture ! Son lit et lui-même sentent tellement mauvais que même le plus courageux ne s'en approche pas !

Miam, des vieilles peaux !

L'écureuil terrestre de Californie a une manie un peu spéciale. Il mâche de vieilles peaux de serpents avant de se lécher longuement la fourrure. Rusé ! C'est pour cacher son odeur et passer inaperçu sous le nez de son pire ennemi, le crotale.

Les plus agiles

Une trompe qui sert à tout, des coussinets antidérapants, des doigts de fée… Quand il s'agit de s'adapter à son environnement, la nature est pleine de ressources !

Funambule

Malgré son corps massif, **l'ours** est un très bon escaladeur. Tandis que les oursons se réfugient dans les arbres pour échapper à leurs prédateurs, les ours adultes n'hésitent pas à monter aux arbres pour trouver de la nourriture, surtout du miel. L'effort en vaut la peine !

Quel acrobate !

L'atèle de Colombie n'a pas de pouce aux mains, ce qui facilite considérablement ses déplacements d'arbre en arbre : il peut faire des bonds de plus de 10 mètres et s'accrocher très facilement aux branches. Mais ce n'est pas tout : on surnomme l'atèle de Colombie « singe-araignée » car sa longue queue est comme un cinquième membre : il peut s'en servir pour attraper des fruits et pour se suspendre aux branches !

Un vrai couteau suisse !

La trompe de **l'éléphant** lui permet de réaliser toute une série d'actions, dont certaines demandent une certaine dextérité : il s'en sert comme d'une fourchette pour cueillir des aliments, comme d'une paille pour boire, comme d'un tuba pour respirer sous l'eau ou comme d'une douchette pour s'asperger d'eau. Sa trompe est si musclée qu'elle peut même déraciner des arbres !

Moi, glisser ? Jamais !

La panthère des neiges est un félin extrêmement habile qui vit dans les montagnes du Tibet. Pour lui permettre d'escalader les rochers enneigés et de se déplacer dans la neige sans glisser, la plante de ses pattes est recouverte de poils qui adhèrent à la neige.

Yala est une championne de saut : elle peut faire des bonds de plus de 10 mètres entre deux branches.

Le trapéziste de la canopée

C'est avec une agilité époustouflante que **les gibbons** voltigent de branche en branche dans les forêts tropicales d'Indonésie : ils peuvent faire des bonds de plus de 12 mètres, et atteindre une vitesse de 80 km/h ! Avec leurs bras très musclés presque aussi longs que leur corps, les gibbons se déplacent bien plus facilement dans les arbres qu'au sol. Ces grands bras ont un autre avantage : les gibbons n'ont souvent qu'à tendre le bras pour attraper ce qu'ils souhaitent !

Les pattes au mur

Au bout de ses pattes, **le gecko** est doté de coussinets sur lesquels de minuscules poils adhésifs recouvrent des lamelles. L'adhérence est alors si forte que les geckos sont capables de grimper sur des surfaces lisses, de se suspendre sur un seul doigt et de tenir, et même de marcher sur des plafonds !

Les chouchous

Petites frimousses et boules de poils, certains animaux font l'unanimité : ils font craquer absolument tout le monde !

Donnant-donnant

Le cheval déchaîne les passions ! Sa noblesse, son élégance et son côté majestueux font de lui un animal très apprécié. Domestiqué depuis bien longtemps, le cheval est un puissant ongulé qui partage sa force avec celui qui souhaite le monter. Dans le plaisir équin, tout est dans le partage !

Malin comme un dauphin

Avec une telle grâce et de tels sauts, pas étonnant que **le dauphin** plaise tant. Il existe de nombreuses espèces de dauphins plus belles les unes que les autres : l'orque, le dauphin de Commerson, le grand dauphin... En plus, certains dauphins adorent la compagnie des Hommes et se laissent facilement approcher : on peut nager avec eux, les toucher et les admirer de très près. On a même aujourd'hui la preuve que des gens malades peuvent aller mieux en nageant avec des dauphins !

Le meilleur ami de l'Homme

Même s'il est détrôné par le chat, **le chien** est tout de même considéré comme étant le meilleur ami de l'Homme. Pour quelle raison ? Les propriétaires de chiens le savent : c'est un animal doux, affectueux, attentif à son maître et qui ressent s'il est triste ou joyeux ! Un véritable doudou.

Toujours la banane !

Petit marsupial d'Australie à l'air rieur, **le quokka** attire la sympathie avec son grand sourire. Très social et curieux, le quokka n'hésite pas à s'approcher des êtres humains pour leur montrer ses jolies petites dents. Avec une telle bouille, pas étonnant qu'il soit considéré comme l'animal le plus souriant !

La tendresse avant tout

Qui ne tomberait pas sous le charme d'une maman loutre flottant sur le dos et portant son petit sur le ventre ? Ou bien de deux loutres se tenant la main alors qu'elles prennent un bon bain ? Attendrissante, **la loutre** séduit par son petit air tout mignon.

Number one

Le doux « ronron » du **chat** a séduit plus d'une personne. Il serait même l'animal préféré des Français : 1 foyer sur 5 en possède un. Et il y en a pour tous les goûts : des chats de gouttière, les plus répandus, aux géants comme le maine coon, ou aux poilus comme le persan, le choix est large ! Le plus difficile sera donc de choisir.

Si doux, si chou

Si on parle d'animaux mignons, on ne peut pas passer à côté du **panda roux** qui ressemble à une vraie peluche ! Prêt à sauter sur la moindre bêtise qui se présente à lui, le panda roux attire par sa joie de vivre et sa maladresse qui finit toujours par nous faire rire, mais qui nous charme par-dessus tout.

Les plus bavards

Certes, les animaux ne parlent pas, mais chaque espèce a son propre langage et il existe bel et bien une communication entre les individus, entre les groupes, et parfois entre différentes espèces. Toutefois, certaines espèces s'expriment plus que d'autres…

Le chant du Sud

Pas besoin de voir **les cigales** pour savoir qu'elles sont là : on les entend, et cette mélodie rime avec soleil et chaleur. Ce sont les mâles qui chantent, dès que la température externe dépasse 25 °C, et ce que l'on appelle un chant est en réalité le son produit par la contraction de petits muscles situés de part et d'autre de l'abdomen, que l'on nomme… les cymbales. Quand la cigale « chante », les cymbales se contractent environ 600 fois par seconde : quelle dépense d'énergie !

L'union faisant la force, c'est grâce à leur hurlement que les loups se retrouvent avant d'aller chasser !

Loup y es-tu ?

C'est par de puissants hurlements que **le loup arctique** communique avec ses congénères. Un loup peut ainsi en entendre un autre même s'il se trouve à 8 kilomètres de lui ! De plus, chaque animal a son propre hurlement, unique au monde, ce qui lui permet de se différencier des autres loups de la meute. Le hurlement peut servir à appeler un autre clan, à communiquer, à se rassurer, à affirmer la cohésion du groupe, à se reconnaître ou à signaler la capture d'une proie. Une précision pour ceux qui ont peur du loup-garou : la Lune ne fait pas hurler les loups !

Chanson d'amour

Comment ne pas parler du meilleur chanteur quand on parle des plus bavards ? Quand il cherche à séduire et qu'il est amoureux, **le rossignol** peut chanter jour et nuit. Fort heureusement, son chant est agréable et mélodieux.

Quel coffre !

C'est au lever du soleil et à la tombée de la nuit que l'on entend **les siamangs** communiquer, mais aussi délimiter leur territoire. Le siamang possède une grosse poche au niveau du cou. Ce « sac vocal » se gonfle quand l'animal crie ; il lui sert de caisse de résonance. Cela lui permet donc de chanter encore plus fort et d'être entendu à plusieurs kilomètres à la ronde !

Le ténor des océans

Le mâle baleine à bosse est un grand bavard, surtout quand il est amoureux. À la saison des amours, le cétacé passe son temps à émettre des chants qui peuvent durer jusqu'à 10 minutes chacun, et cela durant des heures, voire des jours, afin d'attirer les femelles ou d'éloigner les autres mâles.

Quelle pipelette !

Lorsque **le coyote** communique avec sa meute ou ses adversaires, il utilise un répertoire très large. Capable d'aboyer comme un chien, de japper comme un chiot ou d'hurler comme un loup, le coyote sait se faire entendre et ne perd pas une occasion de s'exprimer. Par exemple, quand il pousse un long hurlement, il indique sa présence aux autres meutes de coyotes et leur conseille de passer leur chemin.

On ne s'entend plus !

Les singes hurleurs aiment se faire entendre ! Comme leur nom l'indique, ils ne sont pas du genre à chuchoter ! Leurs cris, que l'on peut entendre à 5 kilomètres à la ronde, leur servent à prévenir leurs congénères en cas de vol de nourriture ou de conflit avec un groupe adverse.

Les familles nombreuses

Famille nombreuse, famille heureuse ! Certaines espèces en sont convaincues, jusqu'à vivre en colonies de plus de 20 millions d'individus !

Des bébés par millions !

Le poisson-lune, aussi appelé **môle**, bat tous les records du nombre de bébés poissons pondus chez les invertébrés : la femelle pond environ 300 millions d'œufs par frai, c'est-à-dire par ponte ! Malheureusement, très peu deviendront adultes, car les œufs ainsi lâchés dans l'eau sont des proies faciles pour les autres poissons.

Cauchemar dans la grotte !

Au Texas, on a découvert une grotte abritant 20 millions de **chauves-souris** ! Il s'agit du genre *Tadarida* qui vit au sein d'énormes colonies. Mais pourquoi ont-elles tout le temps la tête en bas ? Parce qu'à l'endroit, elles ne tiennent pas debout ; leurs pattes ne sont pas assez solides. Et, fait unique, la chauve-souris est le seul mammifère capable de voler !

Les grandes migrations

Toute l'année, **le caribou** vit au sein d'un petit cercle familial pouvant aller jusqu'à 30 individus, la taille variant en fonction des conditions de vie : plus la nourriture sera abondante, plus le groupe sera nombreux. Mais dès la fin de l'hiver, la migration printanière commence et des groupes de 10 000 à 100 000 caribous se forment afin de trouver des terres plus riches. Au début, tous restent ensemble, mais petit à petit, de petits groupes se forment : les femelles mettent bas, tandis que les mâles continuent leur chemin.

Des œufs par centaines !

Chez **les hippocampes**, c'est le papa qui donne naissance aux petits. À la saison des amours, les hippocampes dansent ventre contre ventre et la femelle en profite pour déposer ses œufs dans la poche ventrale du mâle ! Et la femelle ne fait pas les choses à moitié : elle est capable de pondre jusqu'à 650 œufs !

Plus on est de gnous…

Le gnou est un mammifère africain cousin de l'antilope. Il vit en troupeaux pouvant compter jusqu'à 20 000 individus ! Et lors des migrations, plusieurs groupes se rassemblent : le plus grand groupe observé comptait 250 000 gnous. Une vraie réunion de famille !

Au zoo, les suricates font le guet : la moindre activité suspecte est immédiatement repérée !

Ballet de flamants

Si la plupart des colonies de **flamants** comptent environ 1 000 oiseaux, la plus grande observée comptait 2 millions d'individus, ce qui correspond à la population des DOM-TOM ! C'est au bord de côtes maritimes et de grands lacs que les flamants élisent leur domicile, lieu où il est plus facile de trouver algues, larves, crustacés et crevettes (qui leur donnent leur couleur rosée) en quantité pour rassasier tout le monde !

Le guetteur du désert

Surnommé la « sentinelle du désert » à cause de sa tendance à passer son temps posté sur ses pattes arrière à guetter le danger, **le suricate** est un animal sociable et très câlin. Il vit en groupe de 30 individus et vivre seul le tuerait. Mais pas question pour autant de partager sa nourriture : les repas, c'est chacun pour soi !

Les plus paresseux

Certains animaux font de la sieste un véritable art de vivre. Il faut reconnaître que c'est parfois le meilleur moyen de résister à des conditions de vie difficiles, comme une chaleur extrême ou un froid polaire.

Au zoo, Jabu et Nikita sont de gros dormeurs. Ils adorent faire la sieste allongés sur leur rocher.

Noctambule

Notre petit tigre domestique, **le chat**, passe une grande partie de la journée à dormir : près de 18 heures par jour ! C'est souvent la nuit que le chat retrouve toute son énergie, pour chasser ou jouer.

Le pacha de la savane

Le lion vit en Afrique, là où il fait très chaud ! Alors pour économiser son énergie, il fait une grosse sieste qui peut durer jusqu'à 20 heures par jour, surtout pour les mâles, car les femelles, elles, doivent nourrir leur famille. Et quand il ne dort pas, le lion chasse un peu, mange ou se bat pour garder son territoire.

Le plus lent des grimpeurs

Bon grimpeur, **le koala**, marsupial vivant en Australie, n'en reste pas moins très lent. Il passe son temps à dormir : jusqu'à 20 heures par jour, soit plus que le paresseux ! Et même quand il ne dort pas, il reste des heures sans bouger, à regarder le temps qui passe et à grignoter quelques feuilles d'eucalyptus.

Une vie à 2 à l'heure

Le paresseux ne se contente pas d'être particulièrement lent dans ses déplacements – il parcourt seulement 100 mètres par heure ! –, il fait aussi partie des plus gros dormeurs de la planète : près de 18 heures par jour sont consacrées à la sieste. Il n'a pas une minute à lui !

Cure de repos

Comme tous les iguanes, **l'iguane vert** vit en Amérique. Il passe 96 % du temps à... ne rien faire ! Ce qui ne lui laisse que 4 % de son temps pour chercher de la nourriture et se reproduire. Les journées doivent être longues !

Au lit, douroucouli !

Le singe hibou, aussi appelé **douroucouli commun** ou encore **singe de nuit**, est, non pas un hibou, mais bien un petit singe qui vit seulement la nuit, dans les forêts tropicales d'Amérique du Sud. Le reste du temps, il dort. Soit 17 heures par jour environ.

6 mois de sieste...

« Dormir comme une marmotte » dit-on parfois... Effectivement, la marmotte dort beaucoup, et à poings fermés durant son hibernation. **La marmotte des Alpes** passe plus de la moitié de l'année dans son terrier. L'été, elle élève ses petits, puis fait des réserves de graisse pour rentrer dans son terrier au mois d'octobre. Elle y restera jusqu'au printemps, après avoir passé tout l'hiver dans un profond sommeil.

Les plus redoutables pour l'Homme

Les animaux s'en prennent rarement à l'Homme, mais s'ils se sentent menacés ou tout simplement s'ils ont faim, ils sont prêts à attaquer ! Certains peuvent infliger des blessures mortelles...

Les 300 dents de la mer

Capable de détecter une goutte de sang à plusieurs kilomètres de distance et de sentir les vibrations des animaux, **le grand requin blanc** est un prédateur redoutable. Bien que les attaques de requin contre l'Homme soient rares, il jouit d'une très mauvaise réputation. En raison de sa mauvaise vue, il arrive qu'il confonde l'Homme avec une proie marine : vus d'en bas, les surfeurs peuvent être facilement pris pour des tortues ! La bouche du grand requin blanc contient plus de 300 dents acérées comme des lames de rasoir et sur plusieurs rangées. Il est rare que l'Homme fasse le poids...

Les plus longs crochets à venin !

Même si elle ne s'attaquera pas à nous naturellement si on la laisse tranquille, **la vipère du Gabon** est redoutable. Possédant plus de venin que les autres serpents, c'est également le serpent aux plus longs crochets. Sa morsure peut être mortelle !

Attention, banane tueuse !

L'araignée-banane, aussi appelée **araignée vagabonde**, ne tisse pas de toiles. Ce qu'elle préfère, c'est se cacher dans des tas de bois ou des régimes de bananes. D'où son nom ! La plus dangereuse, **l'araignée-banane à ventre noir**, n'a pas peur des Hommes. Mais pas de panique ! Même si le venin de cette araignée peut tuer un adulte, les accidents restent extrêmement rares.

Si elle devait charger, Babeth pourrait atteindre la vitesse de 50 km/h !

Sauve-qui-peut !

Malgré son allure tranquille, **l'hippopotame** n'est pas commode ! C'est l'animal le plus dangereux d'Afrique où il règne sur les plans d'eau et les rivières. Gare à toi s'il se met à charger ! Avec des canines inférieures pouvant mesurer 50 centimètres, l'hippopotame peut causer de graves blessures, voire couper un crocodile en deux !

Tueur en série

Même s'il est minuscule, **le moustique** est un insecte redoutable, autant par le nombre de maladies qu'il transmet (paludisme, dengue, fièvre jaune, etc.) que par le nombre de personnes infectées. Ses piqûres peuvent faire des ravages même si seule la femelle pique pour se nourrir de sang !

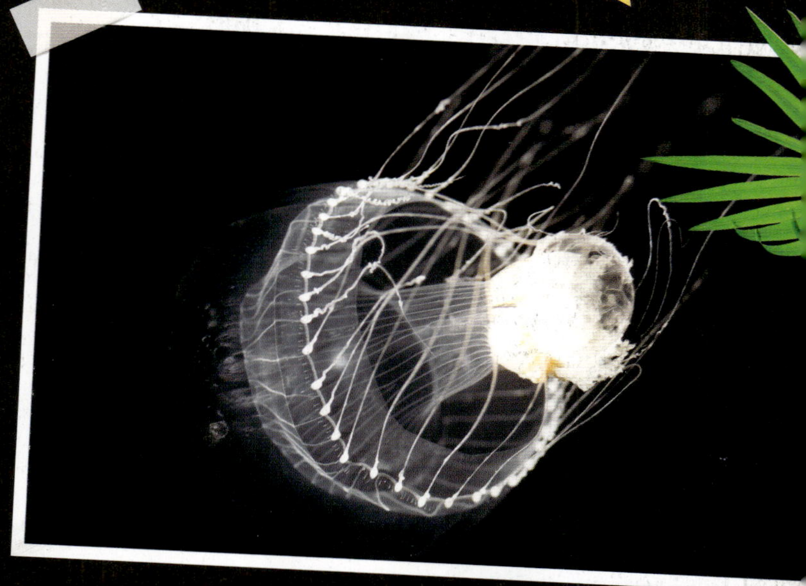

La terreur de l'Inde

Le cobra indien, accessoire indispensable du charmeur de serpents, n'est pas si obéissant qu'il en a l'air. Dans la nature, il cause la mort de 10 000 personnes chaque année. Il est l'un des serpents les plus dangereux d'Inde !

Mortelle !

La guêpe de mer est une méduse australienne extrêmement dangereuse : ses filaments regorgent de capsules remplies d'un poison prêt à agir dès que quelqu'un ou quelque chose la touche. On dit qu'elle pourrait tuer un homme en moins de 5 minutes tellement la douleur est insupportable...

Les plus costauds

Pas toujours petits mais certainement costauds, ces animaux n'hésitent pas à s'attaquer à plus gros qu'eux ! Tout est une question de proportion quand on voit le dragon de Komodo à côté du bousier... Quant à la fourmi, elle est impressionnante, en dépit de sa taille.

Attention aux pinces !

Malgré son nom, **le crabe des cocotiers** n'est pas un crabe mais un animal de la famille du bernard-l'hermite. Remarquable, il possède des pinces suffisamment puissantes pour casser des noix de coco et en manger le contenu !

Coups de bec

Le grand pic, qui est de la même famille que le pic-vert, passe son temps à donner de puissants coups de bec sur les troncs d'arbres à la recherche d'insectes. Son bec est si puissant et dur qu'il pourrait faire un trou sur la façade d'une maison ! Et grâce à son crâne qui absorbe les vibrations et les chocs, et à sa langue qui entoure son cerveau, le grand pic n'a même pas mal à la tête.

Super scarabée !

Le scarabée rhinocéros n'a pas que le nom d'impressionnant : ce petit coléoptère de 4 à 8 centimètres de longueur est capable de porter jusqu'à 800 fois son poids ! Au Japon, ils sont même utilisés pour des combats. Deux scarabées lutteurs sont alors placés sur une bûche où ils se poussent, et le gagnant est celui qui fait tomber l'autre.

Quelle musculature !

Malgré sa petite taille, **la fourmi** peut porter plus de 50 fois son poids ! Imaginez : c'est comme si nous étions capables de soulever sans difficulté... une vache. Incroyable !

Python mortel

Long d'une dizaine de mètres et pouvant peser jusqu'à 140 kilos, **le python réticulé** est un géant vivant dans les forêts tropicales d'Asie. Très musclé, le python tue ses proies par constriction, en s'enroulant autour d'elles et en resserrant son emprise jusqu'à leur mort.

Le plus fort de tous !

Aussi petit qu'il soit, **le bousier** n'a pas dit son dernier mot ! Il passe le plus clair de son temps à transporter des boulettes de bouse bien plus grosses que lui, qui pèsent jusqu'à 1 000 fois son poids. Il en faut de la force pour ce petit coléoptère d'à peine 1 centimètre !

Même pas peur !

Plus gros lézard du monde, **le dragon de Komodo** est un redoutable prédateur qui ne redoute personne, pas même ses congénères. Très puissant, il capture souvent ses proies par embuscade et est capable de tuer un animal de la taille d'un cerf en le reversant d'un seul coup de queue, puis en lui infligeant de terribles blessures et des hémorragies aboutissant à la mort !

Les plus effrayants

On a beau ne leur vouloir que du bien, il y a certains animaux qu'on n'aimerait pas du tout voir ou entendre si l'on était seul, dehors, la nuit...

Myope comme une taupe

22 petits tentacules pour vous accueillir ? Petit d'une dizaine de centimètres, **le condyluse étoilé** possède d'effrayants tentacules sur son museau. Mobiles, ces organes lui sont très utiles : ils lui permettent de détecter ses proies et de compenser sa très mauvaise vue. Et heureusement pour lui qu'il ne peut pas se voir... Il se ferait trop peur !

Suceuse de sang

Dotées de deux incisives affûtées, **les chauves-souris vampires**, comme leur nom l'indique, se nourrissent du sang de mammifères et quelques fois aussi d'humains : du sang humain a été retrouvé dans les selles de chauves-souris vampires à pattes velues ! Mais plutôt gentilles, elles partagent leur repas : celles qui sont parties à la chasse reviennent et régurgitent du sang pour celles qui sont restées dans la grotte.

La plus grande araignée du monde !

L'araignée Goliath, ou **mygale de Leblond**, vit dans les forêts humides d'Amérique du Sud. Elle est particulièrement efficace pour donner la chair de poule, même en photo ! Son abdomen est gros comme le poing d'un adulte, elle atteint fréquemment 30 centimètres de largeur avec ses longues pattes, et elle est couverte de poils urticants. Pour compléter ce portrait : elle est venimeuse et carnivore...

Tout nu et tout plissé !

Mais qu'est-ce donc que cette bête qui ne semble pas terminée et à qui il manquerait des poils, des écailles ou des plumes ? **Le rat-taupe nu** ! Aussi laid en vrai qu'en photo, ce rongeur à la peau nue toute plissée, à la tête étrange et au museau doté de deux longues incisives n'en est pas moins résistant : il peut rester sans respirer pendant 18 minutes et vivre 35 ans, ce qui est énorme pour un rongeur, une souris ayant une durée de vie de 1 an ou 2 !

Horrible poisson

Également appelée **lotte de mer**, **la baudroie** vit dans les eaux profondes, le long des côtes européennes. Avec son allure de poisson préhistorique, la baudroie effraie par la taille de sa tête et par son imposante mâchoire : des dents pointues orientées vers l'intérieur de la bouche empêchent les proies de s'échapper. Il n'y a donc pas de fuite possible ! Et pour attirer ses proies, elle agite un appendice lumineux.

Jouant son rôle jusqu'au bout, c'est la nuit que la chouette effraie part en chasse !

Hou, hou !

Comme le dit son nom, **la chouette effraie** a un côté très effrayant ! Imagine deux grands yeux noirs immobiles qui t'observent la nuit... À donner des frissons ! Alors quand elle se met à bouger la tête pour voir ce qui se passe autour d'elle, tout en poussant de petits cris qui ressemblent à des chuintements inquiétants, on se croirait dans un film d'horreur ! Sauve-qui-peut !

Un rocher au long cou

Plus étrange qu'effrayante, **la matamata** ressemble à s'y méprendre à un rocher. C'est dans les eaux douces d'Amérique du Sud que l'on rencontre cette drôle de tortue à la tête plate couverte d'excroissances et qui se termine par une trompe ! Quand elle veut reprendre sa respiration alors qu'elle est sous l'eau, elle n'a qu'à tendre le cou, ce dernier est très long !

Les meilleurs nageurs

Il n'y a pas que les poissons qui se sentent à l'aise dans l'eau. Excellents nageurs, champions d'apnée ou maîtres des fonds marins, ces animaux obtiennent une très bonne note en natation.

Champion de la marche arrière

Le calamar peut nager à 110 km/h : c'est la même vitesse qu'un guépard en plein sprint sur la terre ferme ! Et plus impressionnant encore, il peut progresser à reculons, en expulsant l'eau contenue dans son corps. Pas sûr que le guépard puisse rivaliser dans de telles conditions…

Attention, un serpent dans l'eau !

On ne s'attend pas forcément à trouver un serpent dans cette catégorie, et pourtant ! **La couleuvre à collier**, un serpent non venimeux que l'on trouve près des étendues d'eau d'Europe, mais aussi d'Afrique et d'Asie, est une très bonne nageuse. Ne se nourrissant quasiment que d'amphibiens (crapauds, grenouilles, etc.), elle ne dit jamais « non » à un poisson ou un mulot !

Des pattes avant comme avirons

L'ours polaire est aussi à l'aise dans l'eau que sur terre. Excellent nageur, il peut parcourir près de 100 kilomètres à la nage sans s'arrêter, et cela à la vitesse moyenne de 40 km/h tout de même !

Lucky est le roi des pirouettes : il peut faire des sauts de 5 mètres de haut !

Poisson endurant

Endurant, **le saumon** n'a pas peur des kilomètres ! Naissant dans les rivières, il parcourt jusqu'à 1 500 kilomètres pour rejoindre les océans, où il grandira jusqu'à sa majorité sexuelle. Puis il rentrera sur son lieu de naissance seulement pour pondre ses œufs et donner naissance à ses petits.

Comme un poisson dans l'eau

Très à l'aise dans l'eau, **l'otarie de Californie** est capable de plonger à 274 mètres de profondeur et peut rester sous l'eau sans respirer pendant 5 minutes. Et quand il s'agit d'aller vite, elle peut nager à la vitesse de 32 km/h !

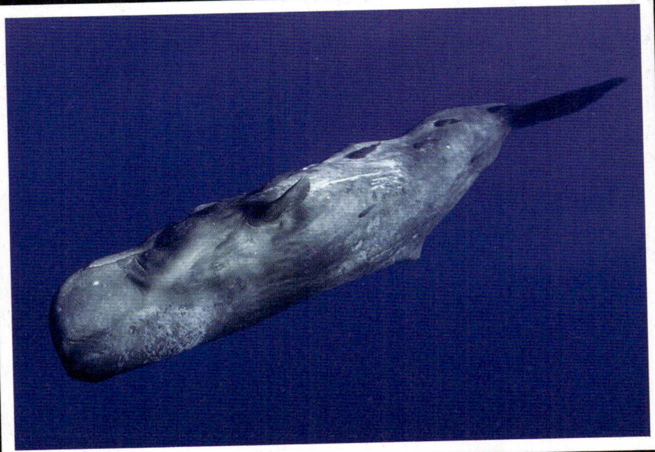

Un corps taillé pour la nage

Avec ses 4 mètres de longueur, **le requin mako**, également appelé **requin-taupe bleu**, file dans l'océan. C'est un nageur très rapide qui peut atteindre les 75 km/h ; il ne laisse donc aucune chance à ses proies !

Meilleur qu'un sous-marin

Le cachalot, c'est lui le roi de l'apnée. Impossible de rivaliser avec ce géant des mers car si on parvient déjà à tenir 1 minute, lui tiendra 1 heure ! Et si vraiment vous souhaitez essayer de le suivre, sachez qu'il est capable de plonger à 3 000 mètres de profondeur, soit 10 fois plus profond qu'un sous-marin.

Les plus organisés

Vivre en société, oui, mais pas n'importe comment... Même dans la nature, l'organisation est indispensable. Or à plusieurs, on est toujours plus fort, et ce ne sont pas les lycaons qui vous diront le contraire !

Garde-à-vous !

Les lycaons vivent en groupes extrêmement organisés. Les meutes de 5 à 20 individus sont dirigées d'une main (enfin d'une patte) de fer par un couple dominant, le couple alpha. Ce couple est le seul de la meute à se reproduire, et les petits illégitimes sont le plus souvent tués. Après une brève période d'allaitement, la progéniture royale est nourrie par l'ensemble de la meute. Et pendant la chasse, quelques gardiens veillent sur les petits, ainsi que sur les lycaons âgés ou malades.

Mille et une pattes

Il existerait 12 000 espèces de **fourmis** connues des scientifiques qui rivaliseraient d'ingéniosité pour bien vivre ensemble. Les fourmis vivent en grandes colonies généralement organisées en trois castes : la (les) reine(s), les mâles et les ouvrières. Chacune de ces castes a une morphologie particulière et remplit des fonctions bien précises au sein de la communauté. Les ouvrières, par exemple, passent leur vie à améliorer leur abri et à protéger les petits, au service de la mère reproductrice : la reine.

Une organisation qui roule

Les abeilles sont des insectes très organisés qui respectent une hiérarchie stricte. Dans une ruche, il y a une seule reine, des faux bourdons (les mâles) et des dizaines de milliers d'abeilles ouvrières. Et chacun a un rôle très précis : la reine est chargée de pondre et elle pond plus de 1 000 œufs par jour, les faux bourdons fécondent la reine, et les ouvrières fabriquent la ruche et veillent à son bon fonctionnement.

Tous ensemble, tous ensemble !

Chez **les babouins**, l'entraide et la solidarité sont ancrées dans le quotidien de la vie du groupe. Le mâle dominant aide ses congénères blessés ou malades, les adultes du groupe s'occupent des bébés orphelins et ne laissent pas de côté ceux qui ont du mal à marcher lors d'un grand déplacement. Ils se soutiennent les uns les autres comme une famille le ferait !

Le nid des ancêtres

Chez **les aigles**, le nid est réutilisé chaque année par les couples d'oiseaux ; il est transmis de génération en génération. Ainsi, tous les ans, quelques brindilles sont ajoutées au précédent nid pour le rafraîchir. S'agrandissant d'année en année, certains nids peuvent atteindre 2 tonnes, soit le poids d'un rhinocéros !

L'union fait la force

Les termites sont de redoutables petites bêtes qui se nourrissent de bois, dont celui des poutres de nos maisons. Bien qu'ils puissent faire d'énormes ravages, ce sont tout de même de très bons bâtisseurs. En mélangeant argile, sable et salive, ils forment un matériau robuste et sont ainsi capables de construire de véritables structures, les termitières. Chacun a son rôle sur le chantier, et c'est en étant organisés qu'ils réussissent à bâtir de grandes termitières : certaines peuvent même atteindre 9 mètres de hauteur !

Épouillage obligatoire !

« Pour vivre heureux, vivons ensemble », tel pourrait être le slogan des **chimpanzés**. Ces animaux sont des êtres très sociables pour qui la vie en communauté est très importante. Ainsi les séances d'épouillage sont un vrai rituel car ce moment, appelé « grooming », est aussi l'occasion de mieux se connaître, de se rassurer, de se soutenir. C'est un vrai moment de complicité.

Les plus proches de l'Homme

Nous savons depuis longtemps que les grands singes comme le chimpanzé, le bonobo, le gorille et l'orang-outan sont génétiquement les plus proches de l'Homme ; d'autres animaux, plus inattendus, le sont aussi.

Dans l'ombre de l'Homme

Le chimpanzé est l'animal le plus proche de l'Homme à plusieurs titres. Tout d'abord, il partage 98 % de son patrimoine génétique avec notre espèce ! Ensuite, il est conscient de lui-même, et est capable de ressentir des émotions, de les communiquer à travers des cris et de nombreuses mimiques faciales !

Par ailleurs, la célèbre primatologue, Jane Goodall, a pour la première fois décrit l'utilisation d'un outil par le chimpanzé : elle avait observé des individus choisir avec discernement des petites brindilles pour aller « pêcher » des fourmis. Depuis, on a découvert que ces animaux utilisaient bien d'autres outils : des feuilles en guise de coupelle pour boire, des pierres de différentes tailles comme marteau et enclume pour casser des noix, ou encore des bâtons pour forer les termitières. Ainsi, on peut dire que le chimpanzé est un être doté d'une intelligence et de capacités que l'on pourrait comparer à celles de l'Homme.

Voici la célèbre primatologue, Jane Goodall.

Des souris et des hommes

Vous êtes-vous déjà demandé pourquoi les scientifiques testent les vaccins et toutes sortes de médicaments sur **les souris** ? C'est parce qu'on leur ressemble ! L'Homme et la souris possèdent 99 % de gènes proches ou identiques. Vous ne regarderez plus jamais les petites souris de la même façon !

Pas si bêtes…

Les cochons et **les sangliers** ont énormément de points communs avec les humains, tant au niveau de leur manière de vivre en société qu'en termes de gènes. Par exemple, les cochons s'adaptent facilement à leur environnement et colonisent des territoires. Ensuite, leur anatomie est proche de celle des Hommes et leurs organes peuvent être utilisés pour des greffes sur les humains, notamment lors de chirurgies cardiaques. Enfin, on a découvert que les cochons pouvaient être atteints de maladies qui s'apparentent à des pathologies que l'on pensait typiquement humaines, comme le diabète, la maladie de Parkinson et la maladie d'Alzheimer. Il pourrait donc être utile pour nous d'apprendre à mieux les connaître.

Les plus bizarres

Les animaux n'ont décidément pas fini de nous étonner : leur allure, leur comportement et leurs moyens de défense sont souvent si incroyables que la réalité dépasse parfois la fiction !

L'étrange procession

Chaque année, une espèce de **chenilles, les processionnaires du pin**, attendent le printemps avec impatience : elles descendent alors de leur arbre favori, le pin, puis partent en file indienne, les unes à la suite des autres, dans le but de s'enterrer sous 10 à 20 centimètres de terre, à un endroit bien ensoleillé, jusqu'à sortir de terre sous la forme de papillons de nuit !

Animal ou végétal ?

Le corail est bel et bien un animal, et non pas une plante. Comme les anémones de mer et les méduses, les coraux font partie d'une espèce animale appelée cnidaire. Ils se nourrissent des nutriments présents dans les mers chaudes mais se servent aussi de leurs tentacules pour paralyser et attraper du plancton animal ou des petits poissons.

Un nom imprononçable !

L'axolotl, dont le nom signifie « monstre d'eau », ne vit que dans les petits lacs d'eau douce proches de Mexico. Surtout connue dans sa forme albinos, cette salamandre aquatique est l'un des rares amphibiens à passer sa vie à l'état de larve, à ne pas perdre ses branchies, à garder ses nageoires, donc à ne pas se transformer en adulte ! Et, incroyable, lorsqu'un de ses membres est endommagé ou amputé, il repousse. Pratique !

Vol plané !

Également appelé « sucre volant », **le phalanger volant** vit dans les forêts australiennes et de Nouvelle-Guinée. Mais, malgré son nom, le phalanger ne vole pas vraiment ! En fait, il plane grâce à la membrane qui relie ses pattes avant à ses pattes arrière. Dès l'âge de 4 mois, bien accroché sur le dos de sa maman, le phalanger volant commence son baptême de l'air. Il peut planer sur une distance de 100 mètres !

Fourmilier ou tatou ?

Mi-tatou, mi-grand fourmilier, malgré son apparence, **le pangolin**, n'est pas un reptile. C'est un mammifère à écailles qui, tout comme le tatou, se roule en boule quand il se sent menacé. Et comme le grand fourmilier, il se délecte des termites et fourmis qu'il attrape avec sa grande langue collante.

Une énigme à lui tout seul…

L'ornithorynque est un mammifère, mais il pond des œufs ! Or, ce n'est pas le plus surprenant : cet animal a une fourrure de loutre, un large bec de canard, une queue de castor et des pattes palmées. Et ce n'est pas tout ! L'ornithorynque est l'un des rares mammifères venimeux : le mâle possède un éperon à venin à chaque patte postérieure, au niveau de la cheville.

Complètement hyperactive, Lady passe ses journées à fouiller le sol à la recherche de nourriture !

Un bouclier sur pattes

Coriace, **le tatou** ! Bien que relativement rapide à la course, il est rapidement en difficulté lorsqu'un puma ou un jaguar lui court après. Alors, armé de sa carapace et de ses longues griffes, la solution est toute trouvée pour le tatou à trois bandes : se rouler en boule et attendre que le danger passe. Autre technique pour le tatou à six bandes : bondir verticalement, espérer effrayer le prédateur, puis se sauver à toute vitesse pour retrouver son terrier et en boucher l'entrée avec sa carapace !

Les bébés les plus mignons

« Plus c'est petit, plus c'est mignon », voici une expression qui leur convient bien ! Ces tout-petits, aussi attendrissants qu'ils soient, sont amenés à grandir et à devenir des adultes. Profitons-en alors tant qu'ils sont si mignons.

Voici le troisième petit de Babeth et Masaï, un beau bébé de 30 kilos.

Un petit poids lourd

Tout dodu qu'il est, le **bébé hippopotame** pèse déjà 30 kilos à la naissance. Ainsi, au cours de ses premières années, le petit peut multiplier son poids par 100, pour atteindre le poids de 3 tonnes !

Le hamac de maman

Quel que soit l'évènement, **les paresseux** gardent toujours la tête à l'envers, même lorsque les femelles donnent naissance à leur petit. Ce dernier se sert alors de sa mère comme d'un hamac et s'accroche à son ventre pendant 5 mois.

Petits crocs

Le lionceau pèse moins de 2 kilos à sa naissance, soit à peine 1 % de son poids d'adulte !
Et ses premières dents de lait poussent plus tard, au bout de 3 semaines, quand il commence à se déplacer avec ses frères et sœurs, sous la garde de leur mère.

Sur le dos de maman

À peine né, le **bébé fourmilier** grimpe sur le dos de sa mère et se laisse promener jusqu'à ses 1 an. Même s'il sait galoper dès ses quatre premières semaines, le petit préfère se camoufler dans les poils de sa mère et rester à l'abri des prédateurs.

À l'abri dans ma tanière

Tout mignons qu'ils sont, **les oursons polaires** sont de vrais pots de colle avec leur mère. Très peureux, les petits ne s'éloignent guère de plus de 1 ou 2 kilomètres de leur tanière et au moindre bruit suspect, ils rentrent en courant. Ce n'est qu'au printemps que toute la petite famille part à la conquête de la banquise.

Deux naissances

À sa naissance, **le bébé kangourou** est encore à l'état d'embryon : il pèse 1 gramme et mesure seulement 2,5 centimètres ! Il se glisse alors dans la poche de sa mère, la poche marsupiale, où il terminera son développement. Six mois plus tard, le petit kangourou, dont le développement est terminé, quitte définitivement la poche de sa mère.

La chute est rude

À la naissance, **le girafon** fait une chute de 2 mètres, car la femelle girafe met bas debout ! Mais à peine né, le petit se met sur ses pattes car pour survivre, le girafon doit être capable de prendre ses jambes à son cou si un prédateur arrive.

Les champions du saut

Quand on parle de champions du saut, on pense souvent au kangourou. Mais il n'y a pas que lui qui saute loin ou haut ! De nombreux autres animaux ont développé cette faculté afin de se sauver le moment voulu. Saute qui peut !

Monté sur ressorts

Rapide et agile, **le springbok** est une petite antilope d'Afrique de l'Ouest. Quand il pique un sprint, le springbok peut atteindre 80 km/h, mais il peut surtout sauter dans tous les sens quand il se sent menacé, et ainsi faire des bonds de 2,50 mètres de haut. De quoi désorienter les prédateurs !

Attrape-moi si tu peux !

Le kangourou géant est un animal craintif et rapide qui ne se laisse pas facilement approcher. Et pour lui courir après, il faut être très en forme : le kangourou peut faire des bonds de 4 mètres de hauteur, de 9 mètres de longueur, et atteindre la vitesse de 65 km/h !

Pirouettes de dauphin

Le dauphin peut effectuer des sauts spectaculaires : jusqu'à 6 mètres de haut ! C'est sa façon de montrer qu'il veut jouer, qu'il souhaite communiquer avec son groupe, ou tout simplement, qu'il veut aller dans une autre direction.

Champion de saut

Le puma est un véritable athlète. Très performant à la course, c'est en saut qu'il est le plus épatant : il peut sauter horizontalement jusqu'à 12 mètres, et jusqu'à 5 mètres en hauteur. Il a de très puissantes pattes arrière qui lui permettent cette excellente propulsion.

Championne de saut en longueur !

Championne des insectes sauteurs : **la sauterelle** ! Avec ses pattes arrière qui peuvent se détendre et se tendre comme des élastiques, la sauterelle peut faire des sauts de 2 mètres de hauteur et jusqu'à 6 mètres de longueur ! Un vrai ressort !

Saut de puce

Ce n'est pas une légende : **la puce** est capable de sauter 300 fois sa taille en hauteur ! Et elle retombe en souplesse, sans se casser la moindre patte ! C'est comme si un enfant de 8 ans n'avait qu'un saut à faire pour se rendre en haut de la tour Eiffel.

Super tarsier !

Doté d'immenses yeux noirs, **le tarsier**, étrange petit animal à l'allure de peluche, est doté de super pouvoirs : il peut faire des bonds allant jusqu'à 7 mètres et, incroyable, tourner la tête à 180°, c'est-à-dire qu'il peut regarder derrière lui ! Très pratiques quand il s'agit de repérer ceux qui voudraient l'attaquer, ses oreilles peuvent s'orienter dans tous les sens ; le tarsier n'a alors plus qu'à bondir pour fuir l'ennemi.

Ceux qui vivent le plus longtemps

Si on leur pose la question « Quel âge as-tu ? », pas sûr qu'ils répondent... Toutefois, voici nos champions qui comptent bien profiter de la vie et vivre heureux le plus longtemps possible !

Un âge respectable

Contrairement à ce que l'on peut croire, **les éponges de mer** peuplant les fonds marins ne sont pas des végétaux mais bien des animaux qui vivent des milliers d'années : 1 500 ans en moyenne ! Le record est d'ailleurs détenu par une éponge habitant les profondeurs marines qui aurait vécu jusqu'à 15 000 ans.

Plus forte que tous !

La **méduse immortelle** est une petite méduse d'1 centimètre connue pour une capacité singulière : elle peut rajeunir ! Comme si chaque fois que l'on devenait adulte, on retombait en enfance ! Cette méduse est donc quasiment immortelle, sauf si elle contracte une maladie ou si elle est dévorée par un prédateur...

Similaire à l'Homme

Si la gestation est très longue chez **l'éléphant**, entre 22 et 28 mois selon l'espèce, leur durée de vie est à peu près comme la nôtre : un éléphant peut vivre jusqu'à 80 ans.

Une sorte de cryogénisation

Peuplant les eaux froides de l'Arctique, **les baleines boréales**, aussi appelées **baleines du Groenland**, peuvent atteindre les 200 ans. L'eau glacée, ça doit conserver…

L'âge de sa carapace

Comment savoir l'âge d'**une tortue** ? En regardant sa carapace bien sûr ! Au fil des années, des anneaux se dessinent sur leur carapace, indiquant ainsi leur âge. On peut donc croiser des tortues vivant plus de 100 ans, la plus vieille restant la tortue géante d'Aldabra, habitant dans l'océan Indien, qui vit plus de 250 ans !

Pas facile d'être un bébé caïman. S'il veut atteindre le bel âge de 60 ans, il a intérêt à se méfier des prédateurs !

Vieille peau de croco

Si les caïmans, cousins des crocodiles et des alligators, vivent en moyenne 60 ans, certains **crocodiliens** (ces trois familles confondues) peuvent vivre jusqu'à 100 ans. Même si après un festin, ils peuvent jeûner pendant 6 mois, ça en fait du gnou à se mettre sous la dent…

L'automédication

L'ara macao fréquente les bords de rivière où il mange de l'argile pour faciliter son transit après l'ingestion de fruits difficiles à digérer voire toxiques. C'est peut-être une constante qui lui permet de vivre aussi vieux, jusqu'à 75 ans tout de même ! Quant à **l'ara ararauna**, il peut vivre encore plus longtemps et atteindre les 80 ans.

Les plus menacés

Entre bouleversements climatiques, déforestation et braconnage, certaines espèces animales sont menacées d'extinction. La biodiversité est essentielle à la vie sur Terre, et la disparition d'une espèce engendre toujours un déséquilibre biologique. Par exemple, on estime que si les abeilles disparaissaient, la moitié des produits alimentaires que nous consommons disparaîtrait aussi…

À la recherche du bambou disparu

À l'origine, **le panda géant** était carnivore, mais aujourd'hui, il se nourrit presque exclusivement de bambous et parfois de fleurs sauvages. Or, le bambou est une plante en voie de disparition dans les forêts de Chine centrale à cause de la déforestation. Que devient alors le panda géant qui doit passer près de 10 heures par jour à manger du bambou, plante très peu nutritive, s'il veut être rassasié et survivre ?

Trafic d'orangs-outans

L'orang-outan originaire de Sumatra fait partie des animaux les plus menacés. Il resterait moins de 15 000 individus selon WWF, la première organisation mondiale œuvrant à la préservation des espèces sauvages animales et végétales les plus menacées. En plus de subir la déforestation, les orangs-outans sont traqués par les trafiquants qui s'emparent des jeunes singes pour les revendre et n'hésitent pas à tuer les mères, sans intérêt pour eux.

Le plastique, c'est dramatique !

C'est dans les océans du monde entier que l'on rencontre **la tortue luth**, reconnaissable à sa carapace ressemblant, comme son nom l'indique, à un luth. Or, cette dernière est menacée par la pollution des mers, et plus particulièrement par nos déchets plastiques : elle confond les sacs en plastique qu'elle avale avec l'une de ses proies préférées : les méduses… Sa mort est alors presque inévitable.

Trop chaud !

Doté d'une fourrure à toute épreuve, **l'ours polaire** est parfaitement adapté à son milieu, mais il n'en reste pas moins menacé ! À cause du réchauffement climatique, la banquise fond très vite et l'ours polaire voit son lieu de vie et son terrain de chasse se réduire à vue d'œil !

Plaisir mortel

Le poisson napoléon est l'un des plus gros poissons des récifs coralliens des mers chaudes : il peut mesurer jusqu'à 2 mètres et peser jusqu'à 190 kilos. Même s'il vit une trentaine d'années, sa reproduction est lente, et ceci n'aidant pas, il est menacé par les braconniers qui le capturent pour sa mâchoire et sa chair qui se vendent très cher : le poisson napoléon est un mets très apprécié des Asiatiques.

Sale temps pour les tigres

On estime qu'il ne reste dans le monde qu'environ 3 000 tigres à l'état sauvage, dont 400 tigres de Sumatra. Sont en cause de multiples facteurs liés à l'Homme : la déforestation qui détruit leur habitat, le braconnage pour le commerce de certaines parties de leur corps comme les os, la queue ou les dents, utilisés dans la médecine traditionnelle asiatique, etc.

Wanita n'est pas une tendre, elle peut se montrer très agressive, surtout envers Jalur !

Sa corne vaut de l'or...

Le rhinocéros de Java est le plus rare des mammifères terrestres. Il n'en resterait qu'une soixantaine alors que l'on compte 11 000 rhinocéros, toutes espèces confondues, à travers le monde. Les derniers rhinocéros de Java vivent dans le parc national Ujung Kulon, sur l'île de Java, en Indonésie. Pourtant, on trouvait auparavant des rhinocéros de Java au Vietnam, mais le dernier d'entre eux a été abattu en 2010 pour sa corne.

Les plus profiteurs

La vie sauvage est dure, pourquoi ne pas se faciliter la vie en profitant de la chasse ou de l'hospitalité des autres animaux ! Quand il s'agit de ruser, ils ne sont pas les derniers. Qui sera le plus futé ?

Une vie de roi !

Tel un pacha, **le lion** compte sur les femelles du groupe pour lui rapporter à manger. Un lion mâle qui n'a pas de femelle qui chasse pour lui n'hésitera pas à voler la nourriture des hyènes, par exemple. C'est chacun son tour !

Donnant-donnant

Le pique-bœuf à bec rouge est un oiseau qui vit sur le dos des impalas, des buffles, des gnous, des girafes, etc. Par un échange de bons procédés, les animaux tolèrent leur présence dans la mesure où les pique-bœufs les débarrassent des tiques, puces et autres parasites qui infestent leur pelage !

Le gîte et le couvert

Le bernard-l'hermite est un petit crustacé dont l'abdomen est mou. Pour se protéger, il s'installe dans une coquille de gastéropode (comme les bulots) trouvée au fond de la mer. En grandissant, il change régulièrement de coquille. Par ailleurs, il a développé une association ingénieuse avec l'anémone de mer : fixée sur sa coquille, elle lui sert de bouclier grâce à son puissant venin. En échange, le bernard-l'hermite lui permet de se nourrir des restes d'aliments jetés, et de se déplacer sans effort. À chaque changement de coquille, l'anémone déménage avec lui !

Mère indigne !

Quelle drôle d'idée : **la femelle coucou** pond ses œufs dans le nid d'autres oiseaux et son oisillon éjectera du nid les œufs et les petits qui s'y trouvent. N'étant pas capable de s'occuper des 20 oisillons qu'elle peut mettre au monde, elle les confie à d'autres mamans ! Futée !

Vol organisé

L'aigle ravisseur est un petit voleur de près de 2 mètres d'envergure ! N'étant pas un grand chasseur, il se nourrit principalement de proies capturées par d'autres oiseaux et qu'il leur dérobe, d'où son nom !

Pique-assiette

Il n'existe pas d'animal plus profiteur que **la hyène**. Rusée, elle attend que les fauves rapportent une proie de la chasse avant de leur voler leur festin ! Avec son effroyable ricanement, on aurait presque l'impression qu'elle se moque d'eux ! Doté d'une mâchoire et de dents puissantes, ce charognard est capable de broyer les cornes et les os les plus durs.

Le nettoyeur

Comme la hyène, **le vautour** est un charognard. Il préfère manger dans l'assiette des autres que trouver sa proie lui-même. Quand il voit ou sent une carcasse, on peut compter sur lui pour faire place nette.

Au zoo, Cuzco est le nettoyeur officiel de carcasses !

Les plus puissants

Ne vous fiez pas à leur taille. Ce ne sont pas toujours les plus gros qui sont les plus puissants. Du haut de son petit millimètre, le tardigrade est un coriace ! Quant à l'éléphant d'Afrique, il peut se promener en paix, sa force impressionne les plus féroces.

Hibernatus

Le tardigrade survit à tout ! Ce minuscule invertébré d'à peine 1 millimètre de longueur vit dans le monde entier et même au-delà. En 2007, des tardigrades ont été envoyés dans l'espace et ont survécu ! Super résistants, ils survivent à –200 °C, peuvent se dessécher et se ranimer dans l'eau !

Un bec en guise de couteau

Les vautours n'ont peut-être aucune puissance dans les pattes, mais leur bec est si fort qu'il compense le fait que ces animaux ne possèdent pas de serres. Crochu, le bec du vautour est si coupant qu'il peut déchirer la peau d'un buffle sans aucun problème !

Super félin africain

Le léopard, aussi connu sous le nom de **panthère**, est un animal très puissant qui s'attaque aussi bien à un petit rongeur qu'à une gazelle ou à un zèbre. Sprinter invétéré (il peut atteindre 115 km/h !), il saute à la gorge de sa proie, lui rompt le cou ou l'étrangle, et la transporte pour la dévorer. Il peut même la hisser dans un arbre pour déguster son festin à l'abri des carnassiers !

Question de taille

Plus fort de tous les animaux terrestres, **l'éléphant d'Afrique** est très impressionnant. Bien qu'il soit relativement calme et pacifique, très peu de prédateurs osent le défier, sa puissante stature en dissuadant plus d'un. Donc quand un fauve attaque, c'est souvent vers un éléphanteau ou un animal fragilisé qu'il se dirige.

Tueur d'abeilles

Le frelon asiatique, déjà énorme pour un insecte puisqu'il peut atteindre 5 centimètres de longueur, est redoutable : son venin est si puissant qu'il peut tuer 300 abeilles en moins d'une heure quand il arrive dans une ruche !

Vite fait, bien fait !

Le crocodile a une tactique qui fonctionne à tous les coups pour piéger les antilopes : il attend qu'elles viennent boire à la rivière, s'approche tout doucement d'elles, puis bondit pour saisir une proie. Bien qu'elle se débatte énergiquement, le crocodile entraîne sa proie sous l'eau et l'y maintient jusqu'à ce qu'elle se noie. Ensuite, en deux trois coups de mâchoire, il découpe l'animal en morceaux et l'avale !

L'étouffeur

Le crocodile est certes puissant mais face à un anaconda, il ne fait pas le poids ! **L'anaconda**, qui peut peser 200 kilos, s'enroule autour du crocodile, l'étouffe et l'avale tout entier. Bien que son estomac sécrète une substance acide qui désintègre les morceaux les plus coriaces, le serpent mettra tout de même plusieurs mois à le digérer !

Direction de la publication : Carine Girac-Marinier
Direction éditoriale : Julie Pelpel-Moulian
Édition : Léa Combasteix
Direction artistique : Uli Meindl
Mise en pages : Astrid Payet
Fabrication : Marlène Delbeken

Avec l'aimable participation de France Télévisions, Banijay Productions et du Zoo de La Flèche.

ISBN : 978-2-03-595159-5

L'Éditeur remercie Chloé Beaudoin pour sa précieuse collaboration.

Crédits :
France Télévisions, Banijay Productions et Paul Rodrigues : logo « Une saison au zoo ».

S. Cordier, Zoo de La Flèche : p. 1 (milieu), p. 4 (milieu), p. 5 (haut et bas), p. 6, p. 8 (haut), p. 12 (haut), p. 14 (milieu), p. 16 (milieu), p. 18 (milieu droite), p. 20 (gauche), p. 25 (bas droite), p. 26 (gauche), p. 30 (haut), p. 33 (haut droite), p. 34 (gauche), p. 37 (haut), p. 38 (haut), p. 40 (gauche), p. 41 (haut), p. 42 (haut), p. 50 (bas droite), p. 53 (milieu gauche), p. 56 (haut), p. 60 (détourée), p. 61 (gauche), p. 64 (gauche), p. 66 (haut), p. 67 (bas gauche), p. 68 (haut), p. 71 (haut gauche), p. 75 (bas gauche), p. 77 (haut gauche), p. 89 (milieu gauche), p. 91 (bas droite).

V. Corvasier : p. 84 (gauche).

Éléments de maquette et images : Fotolia.com © et Shutterstock.com ©.

PAPIER À BASE DE FIBRES CERTIFIÉES

LAROUSSE s'engage pour l'environnement en réduisant l'empreinte carbone de ses livres. Celle de cet exemplaire est de : 1,2 kg éq. CO_2
Rendez-vous sur www.larousse-durable.fr

Imprimé en Italie sur les presses de Rotolito S.p.A.
Dépôt Légal : octobre 2017 - 321548/02
N° proget : 11042483 - septembre 2019